JENNI RIVERA

La Diva de la Banda

MICHAEL PUENTE

Este libro está disponible en cantidad a descuentos especiales para su grupo u organización.
Para más información, póngase en contacto con:

Triumph Books LLC
814 Norte de la calle Franklin
Chicago, Illinois 60610
Teléfono: (312) 337-0747
www.triumphbooks.com

Impreso en U.S.A

ISBN: 978-1-62937-025-5

Asistencia de traducción:

Gricela Puente
Eve Gomez
Sylvia Hevia

JENNI RIVERA

LA DIVA DE LA BANDA

CAPÍTULO UNO:
LA DIVA DE LA BANDA HACE HISTORIA

CAPÍTULO UNO: LA DIVA DE LA BANDA HACE HISTORIA

¡VENTA CERRADA!

Después de más de 10 años de la realización ante multitudes desde Los Ángeles a la Ciudad de México, había llegado la hora de Jenni Rivera.

Si había alguna duda de su lugar como una superestrella internacional de buena fe, que fue respondida en el verano de 2010 en el sur de California.

A pocos kilómetros de su ciudad natal de Long Beach, California, Jenni Rivera, " La Diva de la Banda ", subió al escenario ante miles de fans gritando en el Nokia Theatre de Los Ángeles el 6 de agosto de 2010.

Ataviado con una chaqueta de cuero negro brillante a juego con una gorra de béisbol, Jenni no perdió el tiempo dando a sus fans lo que querían ver: cantando a todo pulmón sus más grandes éxitos en uno de los escenarios más importantes.

El Teatro Nokia ha acogido a algunos de los más grandes artistas del mundo, como Stevie Wonder, Ricky Martin y Katy Perry.

La barrada Jenni quien nadie sostiene estaba allí para llevar a cabo éxitos de su último álbum, " La Gran Señora"

Y ella no decepcionó al público lleno en total.

Y no sólo por una noche.

Pero para las dos!

Esa hazaña hizo Jenni la primera artista femenina en la música Banda mexicana a vender el lugar 7,100 asientos en los conciertos -back -to-back.

Cuando usted vende 20 millones de discos, la gente tome nota y quieren estar cerca de ti.

"Jenni habló para un segmento de la comunidad que no consigue a menudo escuchada, las madres solteras que trabajan duro todos los días, que se preocupan por sus

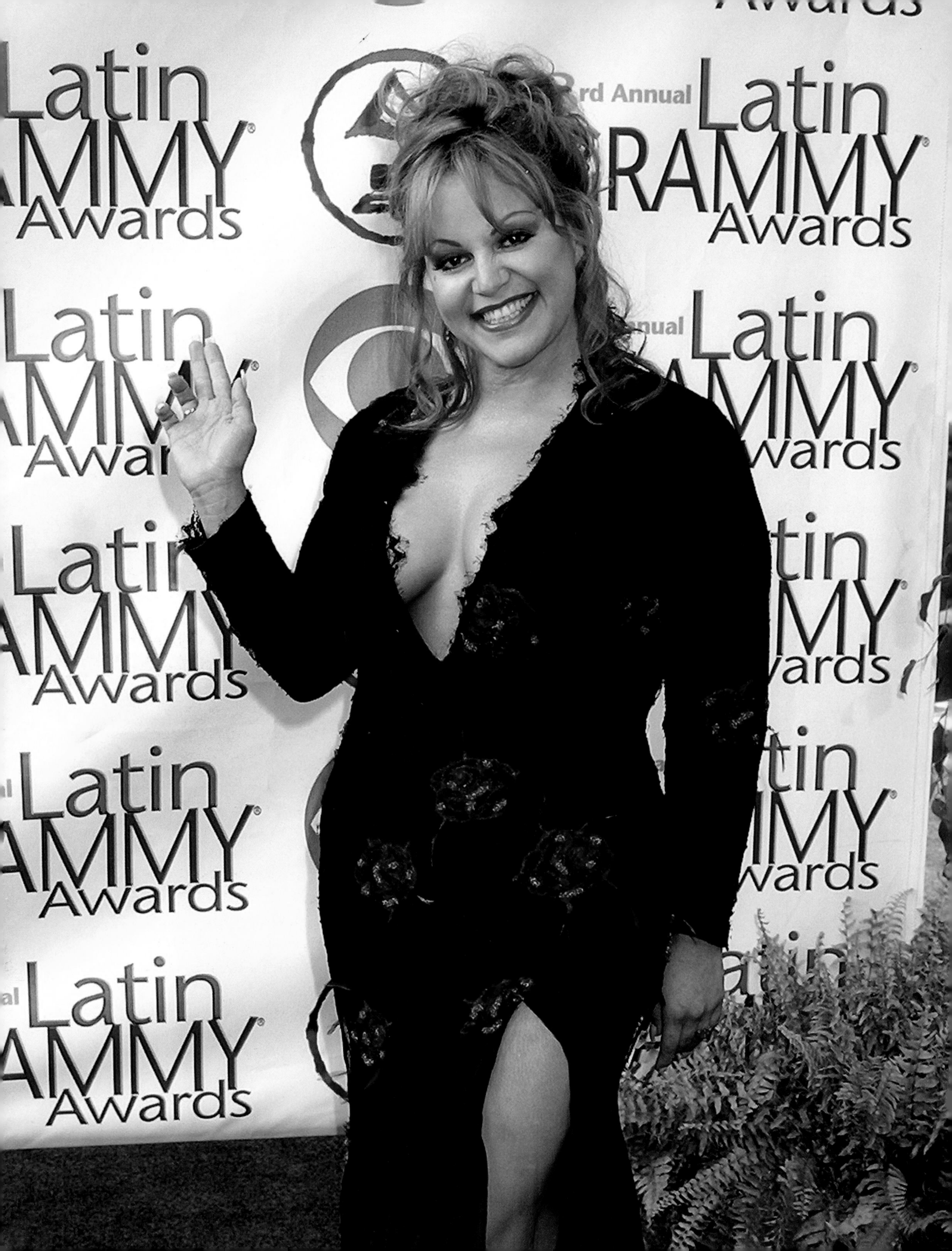
Latin
GRAMMY
Awards
rd Annual

CAPÍTULO UNO: LA DIVA DE LA BANDA HACE HISTORIA

maridos y familias y otros, pero no se contagian a quejarse ", Flavio Morales, senior vice presidente de programación y producción del canal de cable de NBCUniversal , mun2 , dijo al diario Los Angeles Times. " Ella representaba a toda una comunidad: Yo, mi familia, mis amigos y toda una generación de mexicano-americanos que están

a los Premios Billboard - el mayor número de nominaciones a la historia para un intérprete de música Femenina Regional Mexicana.

Ya se trate de banda, norteño o de la música ranchera, Jenni dominó y masterizo los estilos.

Con Nokie Teatro dominado, otros lugares cayeron así: Kodak Theatre, Gibson Amphitheatre, San Jose Convention Center y Staples Center, hogar de los Lakers de Los Ángeles.

Por Jenni , ella sabía que su éxito no fue por accidente , sino por el trabajo duro y saber lo que ella quería.

"No quiero decir que soy un fanático del control, pero parte de ser un fanático del control no es admitir que", Jenni Rivera dijo a El Paso Times en septiembre de 2012 que condujo un concierto en la ciudad.

haciendo la nueva América".

En previos a espectáculos se agotaron de Jenni en el Teatro Nokia, el nativo de Long Beach continuó impresionando en rompiendo récords de ventas de álbumes y nominaciones a premios.

Sólo en 2009, Jenni ganó 7 nominaciones

Desde la iluminación para la selección de canciones, Jenni estaba involucrada en cada aspecto de sus conciertos para dar a sus fans la mejor experiencia.

"Yo estoy involucrada en todo, si es el resumen de mi show, cuando las luces se encienden, cuando hay confeti o fuegos artificiales o la

oscuridad o videos" Jenni le dijo al diario El Paso Times. "Yo lo hago todo, que es una locura, lo sé - pero es mi carrera, mis canciones, mi voz y mi público ".

Para algunos, Jenni fue vista no sólo como intérprete en lengua española, sino como una fuente de inspiración para no darse por vencido cuando las cosas se ponen difíciles.

Las mujeres encontraron el ejemplo de Jenni especialmente inspirador.

"Hoy en día, nos gusta y recompensamos a una figura femenina fuerte en la industria de la música porque es muy duro para hacerlo. La gente presta atención a esas divas que son capaces de saltar alto ", dijo Jorge Vásquez, quien ayudó a conseguir el concierto de Jenni en El Paso en 2012.

Al hablar con el diario El Paso Times, Vásquez agregó: " Muchas mujeres llegan a sus espectáculos. Se sienten fortalecidos por el éxito de Jenni . Es un mensaje impresionante".

En la entrevista con el diario El Paso Times, Jenni tenía su futuro trazado y no parecía nada podría detenerla.

"Mi principal objetivo es ser la Oprah Winfrey mexicana", Jenni dijo al periódico. "Yo no quiero ser una anfitrióna y que me pagaran por él: yo quiero ser dueña de ella, como Oprah. Yo sé que tengo algo que decir, y la gente le gusta escuchar lo que realmente siento y creo que eso es lo que mi futuro será..., pero yo siempre pensé que sería más tarde, cuando yo haya terminado de

cantar y lista para comenzar una nueva carrera".

Jenni trabajó en el logro de su meta.

Con cada nuevo proyecto, su estrella se disparó y su popularidad siguió subiendo.

El año 2010 vio el estreno del reality show con su hija Janney Rivera Marin que se llama: " Jenni Rivera Presents : Chiquis y RaqC", una personalidad de la radio se llama Raquel Cordova.

Dado que los fans no se cansaban de 2011 fue testigo del lanzamiento de otro reality show "I Love Jenni".

"Mis fans aman la realidad. Ellos aman para mí - para mí, ser quien soy. Soy muy transparente. Trato de ser auténtica y genuina con ellos ", dijo

Rivera a KTLA.

A raíz de su música y reality shows, cosméticos, perfumes y prendas de vestir fueron la red que detuvo el tren empresarial de Jenni.

Todo esto mientras Jenni seguía criando a sus cinco hijos: Janney " Chiquis ", Jacqui , Michael, Janicka y Johnny .

Pero mientras Jenni disfrutó de un éxito, ella también sufrió mucho dolor y sufrimiento en su vida.

De quedar embarazada a la edad de 15 con Janney , ser víctima de abuso conyugal, intentos de suicidio , y otros escándalos familiares, como los rumores de que su tercer marido, el ex lanzador de béisbol profesional Esteban Loaiza, tuvo un romance con su hija, Chiquis .

A pesar de todo, Jenni Rivera sufrió, perseveró y logró llegar siempre a la cabeza.

"Yo soy una mujer como cualquier otra, y las cosas feas me pasaron a mí como cualquier otra mujer. El número de veces que he caído es el número de veces que me he levantado ", dijo Jenni en una conferencia de prensa de acuerdo con Biography.com

Para el año 2012 , Jenni ganó 15 Discos de Oro , 15 de Platino y 5 dobles de platino , con más de 15 millones de discos vendidos desde sus doce discos editados más de una década , dominando listas de éxitos en los Estados Unidos y México .

De acuerdo con la revista Billboard en el 2013, la exposición TV ayudó a duplicar el promedio de asistencia en los conciertos de Jenni . La revista informa de que en la temporada 2010-11 de gira, la asistencia a los conciertos de Jenni subió de "5,085 a 10,262, con ingresos brutos promedio de aumento de casi un 40 %, pasando de $ 329,495 a $ 460,712. Al igual que los actos regionales mexicanos en la parte superior de su campo, Rivera podría llevar fácilmente a casa $ 100,000 - $ 200,000 por el rendimiento. Recorrió los fines de semana, pero siempre trataba de estar en casa temprano los domingos, cuando sus cinco hijos se despertaban".

Por otra parte, la revista Billboard informó, entre 2006 y 2012 ", los fans compraron casi $

"Para muchas personas, la diva significa que eres difícil de complacer. Para mí, una diva es alguien que trabaja duro para estar en la cima de su juego ", dijo Jenni a revista Billboard en 2011.

Pero en la casa temprano por la mañana de un día de diciembre este luminoso y averías cometa en el cielo que era Jenni Rivera, una de las

7 millones en billetes con una asistencia global se aproxima 120,000, según Billboard Boxscore. Milestone Sellouts en el Nokia Theatre L.A. en vivo 2008, 2009 y 2010 llevó a un histórico concierto en la calle en 2011 en el Staples Center a la que asistieron cerca de 14 mil. "

La "Diva de la Banda " había llegado.

estrellas más grandes del mundo, icono cultural, la estrella de televisión, productora, actriz, se perdió para siempre.

El 9 de diciembre de 2012, un avión que transportaba a Jenni y otras seis personas cayó del cielo y se estrelló en una zona montañosa cerca de Iturbide, México.

El accidente ocurrió poco después de que Jenni realizó su final concierto éxito de taquilla de su corta pero brillante carrera en Monterrey Arena el 8 de diciembre en Monterrey, Nuevo León, México.

A las 2 de la mañana del 09 de diciembre, tras el espectáculo, Jenni sostuvo una conferencia de prensa en el mismo lugar.

Ella y su personal salieron para el aeropuerto una hora más tarde. Ella estaba prevista para el acto de presencia en Toluca al día siguiente en el programa La Voz, la versión mexicana de "The Voice ".

Pero a las 3:30 am , un jet Lear despegó del aeropuerto cerca de Iturbide , pero no tardaría en perder el contacto con la torre de control del tráfico aéreo.

Pronto, la familia de Jenni , los amigos y aficionados de todo el mundo aprenderían la noticia horrorosa : 43 años de edad, Dolores Janney " Jenni " Rivera, " La Diva de la Banda ", se han ido para siempre.

"Creo que es una pesadilla. No puede ser verdad ", dijo un fan a KCBS - TV en Los Ángeles.

Otro fan, Claudia López, dijo a la estación, " Nos encanta sus canciones. Amamos su música. Nunca la olvidaremos".

La pérdida inesperada y devastadora de Jenni Rivera resonó por todas partes, sobre todo debido a lo que se esperaba venir de la estrella que sigue en aumento: Películas, Álbumes de inglés y más programas de televisión.

"Para Jenni , era todo acerca de la promesa de que estaba por venir ", dijo Morales al diario Los Ángeles Times.

Para muchos, Jenni exuda el mensaje de empoderar a las mujeres.

" Jenni inspiró a las mujeres a creer en sí mismas y entrego ese mensaje en su música, " Emily Simonitsch , senior vice presidente de talento para Live Nation / Sur de California, dijo al diario Los Ángeles Times.

De los libros sobre su vida y otros negocios, el apetito del público por todo y por cualquier cosa Jenni continúa casi dos años después de su fallecimiento.

CAPÍTULO UNO: LA DIVA DE BANDA HACE HISTORIA

"Jenni se dirigía hacia algo grande y la gente quería más", Víctor González, presidente de EMLE, la compañía que distribuye la música de Rivera bajo el sello Fonovisa, dijo a la revista Billboard . Rivera llamaba a menudo a González para consejos. "Nos dimos cuenta de que no abia [Latin] celebridades en los últimos tiempos , ni siquiera un político , ha recibido ese tipo de cobertura. El interés por Jenni ilustra que había un impulso, una fuerza importante. La gente seguirá mirando por ella de una forma u otra".

En 2013, el Museo GRAMMY en Los Ángeles abrió una exposición de un año sobre la carrera y la vida de Jenni Rivera.

Cuenta con el guardarropa de Jenni , cartas personales y otros objetos de interés.

"Con una discografía de más de una docena de álbumes puede sonar como una tarea fácil de lograr, pero para Jenni Rivera, que representan un trabajo de amor, trabajo duro y más que nada, una miríada de sacrificios. Y como es habitual en todo lo que hace, ella continúa esforzándose por ser simplemente el mejor y como siempre está en búsqueda para dar lo mejor de sí misma a sus fans, su familia y lo que mejor sabe hacer, su música, "El Museo GRAMMY escribieron sobre Jenni Rivera por su exposición sobre ella.

En diciembre de 2013, un año después de la prematura muerte de Jenni , homenajes y conciertos especiales en México ayudaron a mantener viva su memoria. Un concierto que ha tenido lugar cerca

del lugar del accidente, cerca de Nuevo León, México.

"Como una fuerte Latina, representó a su familia, la comunidad y el Estado en los planos nacional e internacional ", el senador del estado de California Ricardo Lara (Beach- D Long) dijo pocos días después de su muerte, en una

entrevista con la prensa local. " Sus canciones apasionadas de la perseverancia inspiraron a millones y trajeron un interés y respeto renovado por sus interpretaciones de la música regional mexicana a Estados Unidos".

Apenas unos meses después de su muerte, Unbreakable : My Story, My Way , la autobiografía autorizada de Jenni , se convirtió en un bestseller del New York Times.

Y aunque Rivera se ha ido, su música sigue viva.

En diciembre de 2013, el álbum de 1969 - Siempre, En Vivo Desde Monterrey, Parte 1, su último concierto que dio antes del accidente de avión, fue lanzado como un álbum en vivo y como un DVD.

Como Biography. com dice, " Aunque no es raro que una celebridad prominente en ser honrado años - y tal vez décadas - después de que su muerte, la muerte de Rivera bateó más dura de la mayoría de la comunidad latina. Sus logros, que incluyen la venta de millones de discos y siendo la primera cantante femenina en vender varias salas de conciertos, lo dicen todo si tomando en cuenta que sus padres eran inmigrantes indocumentados y que se convirtió en madre a los 15 años de edad".

Pronto, una película biográfica será lanzada protagonizada por su hija mayor Chiquis Rivera, quien se espera que juegue a su madre, de acuerdo con Biography.com.

Desafortunadamente para Jenni y sus

CAPÍTULO UNO: LA DIVA DE BANDA HACE HISTORIA

fans, que se une a una lista de cantantes estadounidenses de origen mexicano que murió demasiado joven: Richard Valenzuela, también conocido como, Ritchie Valens y tejano estrella Selena Quintanilla - Perez.

"La realidad es que Jenni se fue en el momento más alto de su carrera ", dijo González. " Ella tuvo un fuerte seguimiento y estaba empezando a hacer nuevos fans que estaban enamorándose con ella. Ella deja un vacío enorme".

Para Jenni, todo su éxito se debió a su arduo trabajo, sin embargo, ella todavía estaba sorprendida por el apoyo de sus fans.

"Estoy muy feliz por el éxito que he tenido pero supongo que he trabajado tan duro en ello, no es que yo siento que me lo merezco, pero uno trabaja duro y tienes expectativas. Así que, estoy viviendo mis expectativas ", dijo Jenni Billboard.com en abril de 2012. " Ser un artista del grabado, la venta de música, venta de conciertos llenos, tener un reality show, a partir de la película, que es genial, es hermosa. Para que la gente estar viendo " I Love Jenni " la forma en que están viendo, es realmente increíble. Me sorprende todavía que la gente pueda estar interesada en mi vida normal".

SUBCAPÍTULO:
LUPILLO RIVERA

SUBCAPÍTULO: LUPILLO RIVERA

La primera persona para recibir la llamada de la muerte de Jenni Rivera era su hermano menor y superestrella de banda en su propio derecho, Lupillo Rivera.

Lupillo estaba realizando una presentación en Carolina del Norte cuando recibió la llamada.

Según Quemas.com, Lupillo se vio

fuera por la mañana, según Quemas.com:

"Ama..voy a llevarle a su hija a casa, Le llevare su mama a mis sobrinos A nuestra hermana. fans a una gran señora!!!!!!!!!!................

Lupillo, quien es tres años más joven que Jenni, fue la persona que identifico los restos de su hermana en el Departamento de servicios de medicina forense en un hospital de Monterrey, según Quemas.com.

prácticamente paralizado cuando recibió la noticia.

Lupillo no perdió tiempo dirigiéndose a la casa de su madre, Rosa Saavedra, donde rápidamente tomó el papel del líder para la familia.

Esto es lo que él escribió por Twitter hacia

Anunciando al mundo de la muerte de su hermana no fue fácil.

"Hemos recibido confirmación de 100 por ciento que mi hermana Jenni se ha ido para estar con el señor, Lupillo dijo en una

conferencia de prensa en casa de su madre en Lakewood, California, según Fox News Latino. "Ella está ahora en la presencia de Dios."

Como con muchos hermanos, Lupillo y Jenni tuvieron una pelea pero habían hecho las pases antes de su muerte.

Quemas.com afirma Lupillo extendió la mano a Jenni tras su divorcio del jugador de grandes ligas de béisbol Esteban Loaiza.

El hacer las paces llevo a Lupillo y Jenni a compartir el escenario por primera vez en siete años sólo 11 días antes de su muerte.

Según Quemas.com, Jenni declaró su amor eterno por su hermano pequeño mientras se realiza en el rodeo Texcoco, Estado de México el 1 de Diciembre, 2012.

"Ha estado conmigo en las buenas y en las malas... Es por eso que estoy aquí hoy para pagarle todo lo que ha hecho por mi! ... sabiendo lo que tengo en mi vida, y ver cómo muchos de ustedes aman, admiran, aplauden, lloran y gritan para él, me siento sumamente orgullosa. Me siento muy afortunada de ser su hermana", Jenni dice, según Quemas.com.

Meses después de la muerte de su hermana, Lupillo Rivera dice que su fe le ayudó a conseguir a través de la terrible experiencia. he dicho, según Quemas.com.

Lupillo le dice a E! Noticias, "la siento. Me he sentido pesadez en el hombro; Me he sentido sombras alrededor del escenario. Se siente bien. Me gusta. ... Nunca va a ser una cura completa.

El dolor y el sufrimiento siempre está ahí. Es mi hermana, alguien que ya no está aquí con nosotros. Siempre habrá un lugar vacío," Lupillo Rivera dijo a E! Noticias en marzo de 2013. "Ser como creemos en Dios y sabemos que está en un lugar mejor, que es nuestra satisfacción."

Lupillo nació el 30 de enero de 1972 como Guadalupe Rivera en La Barca, Jalisco, México, él se crió en Long Beach, California, como su hermana Jenni.

En 1990 se graduó de Long Beach Polytechnic High School. Su hermano es Pedro Rivera Jr., un cantante de música cristiana en español que también es un pastor ordenado del Primer Amor.

Según estrella Pulse.com, Lupillo en realidad quería ser dueño de un restaurante, no un cantante de la banda.

Pero su padre, Pedro Rivera, el propietario de la discográfica Cintas Acuario, quería dar a su hijo a manos de experiencia en la industria discográfica.

Así pues, cuando un cantante contratado no pudo presentarse para una sesión de grabación, Pedro contrató a su hijo para trabajar en el estudio

El primer trabajo de Lupillo era ir en busca de talento en bares locales con la noción de que algunas acciones podrían ser firmadas a un contrato de registro con la etiqueta de su padre.

Según Univision.com, Lupillo tuvo un encuentro en 1990 que cambiaría su vida para siempre. Conoció a Chalino Sánchez, quien le

dio la inspiración y la confianza para cantar.

Comenzó a realizar bajo el apodo "a El Toro del Corrido," en honor a su un tío en México, que era un boxeador profesional semi-famoso conocido como "El Toro Rivera," según la Estrella Pulse.com.

A la edad de 15, todos Music.com dice que Lupillo escribió su primera canción tradicional dedicada a la memoria de Miguel Carlos Ortega, un buen amigo que falleció.

Entre 1995 y el 2012, Lupillo liberaría 34 álbumes.

Fue su primer éxito en California con una canción titulada "El Moreño."

En 2006, Lupillo fue nominado para un Grammy Latino por su álbum "El Rey de Las Cantinas."

También rindió homenaje a otro legendario cantante mexicano, Pedro Infante.

Según Star Pulse.com, Lupillo cumplió una solicitud de un caído Infante de marina estadounidense que murió mientras en acción. La solicitud fue para Lupillo de abandonar uno de sus famosos sombreros sobre el ataúd de la Marina durante el funeral.

Pero como su hermana, Lupillo no es ajeno a la controversia, habiendo sido atado a filtró de fotos íntimas de él y su esposa, junto con conflictos con la familia de Jenni Rivera.

Pero, al final, Lupillo dice que continuará para realizar en honor al legado de su hermana.

"Espero que la afición disfrute de la muestra que estoy haciendo. Y espero que siga apoyando su imagen, su música, su personalidad. Eso es todo lo que pido," Lupillo dijo a E! Noticias.

LA VIDA EN LONG BEACH

CAPÍTULO DOS: LA VIDA EN LONG BEACH

Los Estados Unidos ha sido visto por los inmigrantes como el destino de una vida mejor. Para algunos, aquí puede ser un desafío en sí mismo. A pesar de muchos obstáculos, los inmigrantes han arriesgado todo con el fin de proporcionar a sus hijos una vida mejor ahora y en el futuro.

Ese era el objetivo de Rosa Saavedra y Pedro Rivera cuando cruzaron a Estados Unidos desde México en la década de 1960.

Pedro Rivera era originalmente del estado mexicano de Jalisco, mientras que Rosa era de Sonora.

Encuanto Jenni Rivera contó su historia de los padres a oyemag.com

"Lo que es realmente padre e irónico es que mi madre tenía 15 años y mi padre tenía 16 años. Dejó Jalisco, literalmente, en una bicicleta. Su padre no estaba allí porque era un militar, se pasaba dos semanas con la familia y luego se iría para el resto del año ", dijo Jenni Open Your Eyes Magazine. "Mi padre, finalmente, llegó a Sonora y comenzó a vender boletos de lotería en un restaurante en Hermosillo, donde estaban teniendo un ' concurso de aficionados ', un concurso de canto. Mi mamá estaba cantando. Él se enamoró de ella y de su voz. "

Cuando la pareja llegó a Long Beach, se enteraron de que Rosa estaba esperando su primer hijo.

Esa niña, Dolores Janney Rivera, nació el 2 de julio de 1969 en Long Beach, California.

La niña, que más tarde sería conocida como Jenni, era automáticamente una ciudadana estadounidense desde que nació en suelo

americano.

Aunque controvertido, el tema de la inmigración no era tan grande preocupación en los finales de los 60's como lo es hoy.

Aún así, la noción de que los inmigrantes indocumentados contribuyen nada a la sociedad - una posición compartida por muchos que se oponen a la reforma - está completamente destrozada por las historias de éxito, no sólo de Jenni pero su familia.

"Yo no nací con una cuchara de plata en la boca. Mis padres eran inmigrantes. Estaban embarazados de mí cuando cruzaron la frontera ilegalmente. Yo fui la primera nacida en los Estados Unidos. Ellos vinieron a este país para darle a mis hermanos una vida mejor y ella estaba

embarazada conmigo ", dijo Jenni a revista Billboard en el 2011. " Mi mamá fue muy honesta cuando me dijo: ' Mija, he intentado todo tipo

de remedios caseros para que no nacieras, pero fuiste una sobreviviente desde entonces."

Para Jenni y su familia, el éxito notable aún estaría a años de distancia después de su llegada a los Estados Unidos.

Está al lado oeste de Long Beach, donde Pedro y Rosa criaron a Jenni y sus cuatro hermanos y hermana en un hogar muy unido. Su hermano Lupillo también es un premiado músico regional mexicano.

En el hogar bilingüe de la familia, Pedro presentó a Jenni a su música tradicional mexicana: Banda, un bronce, estilo polka popularizado en el norte de México y con los inmigrantes mexicanos en los Estados Unidos.

También disfrutaron norteña y estilos rancheros (baladas románticas).

"La música mexicana corre por mis venas. Me encanta. Al crecer, mi padre no nos permite escuchar música Inglés en casa. Eso es todo lo que he oído. No tenía otra opción. Medida que fui creciendo, la banda empezó a llegar y me empezó a gustar ", Jenni Rivera le dijo a la revista Billboard en 2011.

Es también durante este tiempo cuando su padre trabajó como cantinero y hombre de negocios.

CAPÍTULO DOS: LA VIDA EN LONG BEACH

Según el London Times, Pedro Rivera trabajó en las fábricas durante el día y cantó pasillos en los clubes nocturnos en los alrededores de Los Ángeles, ya que descubrió que tenía un don para escribir corridos tópicos, desde la Guerra del Golfo de 1990 a los disturbios de Los Ángeles después de la absolución de los agentes de policía que fueron acusados de golpear a automovilista Rodney King en 1992.

Mientras trabajaba, Jenni fue a la escuela.

En 1984, cuando cumplió 15 años Jenni durante su segundo año en Long Beach Polytechnic High School, la recta estudiante quedó embarazada de su novio, Trino Marín. Janney Marin Rivera sería la primera de cinco hijos de Jenni.

Como resultado de ello, sus padres la echan de su casa.

En una entrevista con el diario Los Ángeles Times en 2003, Rivera habló de nunca darse por vencida.

"Por lo general, cuando una joven está embarazada, ella abandona la escuela y concentrarse en ser madre. Pensé que era lo que tenía que hacer, pero mis consejeros me dijeron que no había manera que me dejarían caer a cabo ", dijo Rivera. "Tuve mucha promesa. "

Con el tiempo se casó con Trino y la pareja tuvo dos hijos más, Jacqueline, nacida en 1989, y Michael, nacido en 1991.

Pero más hijos no conducirían a una mayor felicidad desgraciadamente para Jenni. En sus ocho años de matrimonio con Trino era difícil y desafiante para decir lo menos

Según informes de prensa, Rivera dice Trino fue físico y mentalmente abusivo hacia ella. Los problemas en su matrimonio llevaron a la depresión, dando Jenni una sensación de desesperanza. Ella trató de tomar su vida por lo menos en dos ocasiones.

La parte inferior se retiraría en 1992, cuando

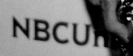

Jenni descubrió que Marin había abusado de sus hijas, Chiquis y Jacqui , junto con la hermana menor de Jenni , Rosie.

Un caso penal fue abierto en 1997 y Marin fue catalogado como un fugitivo durante nueve años antes de ser detenido en abril de 2006. Finalmente, fue declarado culpable de asalto sexual y violación y condenado a más de 30 años de prisión, de acuerdo a About.com.

El matrimonio entre Jenni y Marín terminó en 1992 después de las acusaciones de abuso sexual.

Incluso durante este tiempo difícil, Jenni logró obtener su GED y se graduó como la mejor estudiante de la escuela de continuación cerca en Long Beach.

Para mantenerse a sí misma ya su hija, Rivera vendió CDs en mercados de pulgas, según el diario Los Ángeles Times, mientras que su padre vendía casetes en lavados de autos.

"Teníamos nuestras propias atriles en el tianguis local. Vendimos las cintas de casete en ese tiempo, y así es como sobrevivíamos, "Rivera dijo a Billboard en 2011. Entramos, en un poco cuando mi padre abrió su propia tienda de discos y, finalmente, se inició en su propio sello discográfico. "

Después de la escuela secundaria, asistió Jenni a Long Beach City College y la Universidad Estatal de California en Long Beach, donde estudió administración de empresas.

la grabación, el London Times informó a finales de 2012. Y, como su sello creció más exitoso, animó a su hijo Lupillo y Jenni hacia el centro de atención, ya que ambos crecieron hablando Inglés y escuchando música pop.

Pero ante la insistencia de su padre, Lupillo y Jenni grabaron música tradicional mexicana, creyendo que era el tipo de música que la enorme población mexicana de Los Ángeles quería oír.

Música de banda es una forma tradicional de música mexicana que es popular en las ciudades con una gran población mexicano-estadounidenses, como Los Ángeles, Houston, Dallas y Chicago.

También es muy dominado por los hombres, como la cultura mexicana históricamente tiende a ser.

Allí, ella descubrió un nuevo sueño, cantar, pero no fue de buenas a primeras.

"Nunca quise ser cantante. Mi papá me llevaba a clases de canto cuando yo era pequeña, pero me encantó la escuela. Tengo buenas notas porque pensé educación era importante ", dijo Jenni a oyemag.com. "El tiempo pasó y me gradué de la escuela secundaria. Luego fui a la universidad y me gradué en la gestión empresarial. Me convertí en un agente de bienes raíces, y muy exitoso, trabajando tiempo parcial. A continuación, la etiqueta fue creciendo y mi padre le pidió a mi hermano y a mí si queríamos venir y ayudar, así que, básicamente ice todo, desde contestar los teléfonos para el manejo de ventas y asuntos legales. "

¿Creería usted Jenni Rivera, la puesta en marcha de una dinastía musical, que realmente ocurrió debido a una apuesta?

"La primera vez que me subí al escenario fue

En una entrevista con el San Antonio Express News, dijo Rivera, "Fui a la escuela para estudiar administración de empresas. Nunca me imaginé que iba a ser la comercialización de mí misma ", dijo Río.

Jenni de alguna manera encontró la fuerza para dejar a su marido e hizo las paces con sus padres.

Al graduarse de la universidad, Jenni comenzó a vender bienes raíces en el área de Long Beach.

En poco tiempo, comenzó a ayudar en el estudio de grabación de su padre y sello discográfico que se inició en 1987 llamada Cintas Acuario.

Pedro Rivera empujó a sus cinco hijos a involucrarse en todos los aspectos del negocio de

en 1993, pocos meses después de que el padre de mis tres primeros hijos y yo nos habíamos separado. ... Cuando nos separamos, mis amigos me recogieron y me llevaron a un club nocturno llamado El Rancho Grande, en Carson, California. Esa es la noche donde descubrí tequila. Una madre soltera que nunca había salido antes, en un club nocturno con tequila, no era una buena mezcla ", Rivera dijo a la revista Billboard en el 2012." Mis amigos me atrevieron a subir al escenario y cantar. Yo estaba un poco borracha y canté 'Las Nieves de Enero' de Chalino Sánchez, quien había fallecido cerca de un año antes. Después de que avia terminado, el resto de gente borracha me aplaudió. Me gusto mucho. Como mi padre quería que yo fuera un artista, yo pensé como ya tenía un sello discográfico. Quizá yo podría tener acceso a los músicos y el estudio. Fue entonces cuando empecé a grabar".

Jenni se expandió en su primera grabación con Oyemag.com.

"Mi padre me había estado pidiendo que

grabara durante un tiempo, así que fue lo que hice. Preparé un álbum entero y lo convirtió en él DAT (Digital Audio Tape). Después de eso lanzamos un CD por año".

Pero en darle a su padre el DAT que había estado anhelando de su hija era en realidad un reparto más grande.

"Aquí papá, feliz cumpleaños! Esto es lo que siempre has querido! "Jenni le dijo a bantanga. com en 2005.

Sería demasiado tiempo antes de que su poderosa voz y las canciones de Jenni estuvieran recibiendo radiofónica por todo Los Ángeles.

"En 1999, uno de esos CDs, 'Reina de las Reinas", comenzó a recibir radiofónica en K-Buena. En La Ley, que ahora es La Raza, 97.9, empezaron a tocar 'Las Malandrinas.' ", Dijo Jenni a oyemag.com. "El CD comenzó a vender luego los clubes empezaron a llamar para preguntarme si me gustaría llevar a cabo."

Una estrella con el tiempo iba a nacer, pero aún quedaba mucho trabajo por hacer si quería pegar a lo grande en un género de la música a menudo reservada para los hombres, los hombres machistas.

Cantar un estilo de música que se suele reservar para mí no fue fácil.

"Al principio, era bastante difícil. No recibí mucho respeto porque yo era la única artista femenina para destacar. Ellos no programaban mi música ", dijo Jenni a oyemag.com. Me iba a

los directores de programas en las estaciones de radio y decía:" Yo soy mi propia prioridad. 'Creo que simplemente se cansaron de mí por lo que eventualmente programaban mi material. "

Jenni realizó en español y en inglés, abordando temas personales, como sus luchas con la violencia, los problemas de peso y el divorcio.

Inicialmente, sin embargo, Jenni cantó balladas, pero a mediados de la década de 1990, se incorporó con Lupillo en narcocorridos de canto, una especie de forma subterránea de banda algunos dicen ser glorificado o centrado en las pandillas de Los Ángeles y el mundo de las drogas, un pariente de rap gangero, de acuerdo con el Times de Londres.

"Sellos discográficos latinos más establecidos estaban ignorando esta forma de música underground . De hecho , Cincas Acuario había hecho su fortuna inicial con grabaciones de Chalino , un cantante narco- corrido cuya breve , la vida brutal lo convertiría en un icono para los jóvenes méxico-americanos ", el Times de Londres informó a finales de 2012 .

Pronto, Lupillo y Jenni eran los más buscados después de los jóvenes cantantes mexicanos en Los Angeles, pero pronto se extendió a Chicago, Dallas y Phoenix, ciudades con grandes poblaciones de inmigrantes mexicanos.

"Pues cada año, él (el padre de Jenni) quería otro álbum y allí estaba yo. Plantó una imagen en él y vendieron 15 unidades al año. Pero no fue hasta 1999, cuando yo estaba feliz de ser yo ", dijo Jenni a batanga.com en 2005. " Mientras yo estaba llevando a mis clientes a ver una casa - comenzó a tocar mi música! Y la próxima media hora, la gente estaba como, ' ¿Podemos escuchar esa canción otra vez de esa chica? 'Tarde o temprano, propietarios de clubes nocturnos posteriores y promotores me estaban llamando a

realizar. Cuando hablaban de pagarme por esto, me dije, ' Hey, yo puedo hacer esto por un rato y puedo volver a los bienes raíces más tarde. 'A partir de 1999, que fue cuando me tomé en serio mi carrera. "

En una entrevista con el escritor Elías Ward en 1999, Jenni habló acerca de por qué ella incluso escribe corridos.

"Escribí mi primer corredor en el 94 porque yo sabía que iba a llamar la atención. Todos los hombres lo estaban haciendo y las chicas son chicas malas también, sabes. No sólo les gusta escuchar la música, pero hay mujeres narcotraficantes. Entonces, me di cuenta que estábamos siendo dejadas al lado ", dijo.

Cuando pregunte por Wood si ella pensaba que su música estaba glorificando a pandillas y delincuentes, Jenni respondió: "Siempre hemos defendido nuestro punto de vista el hecho de que nunca hemos usado drogas, nunca hemos vendido drogas. Hemos crecido en torno a esto. Nosotros no crecimos en la vecindad rica. Crecimos en el

barrio".

En 1994, Jenni escribió su primer corrido llamado "La Chacalosa . "

" Yo le estaba contando la historia de una femenina distribuidora de drogas que aprendió el negocio de su padre, " dijo Jenni a revista Billboard en el 2011. "En ese momento, los corridos eran duros. Pensé que si yo soy la única mujer que va a cantar una, que va a llamar la atención. La gente todavía lo ama a este día. "

La inspiración de Jenni para escribir su música eran sus fans.

"Mi inspiración es siempre lo que creo que mis fans quieren escuchar. A menudo escribo sobre los problemas sociales. Si yo no voy a ir a través de él o yo no he pasado por ello, yo quiero estar segura de que toque a alguien ", dijo

Jenni a Billboard. "Eso es lo que yo me baso a mi música. Estoy realmente en contacto con mis fans. A través de sus correos electrónicos, cartas y cuentos es cómo yo decido que música que voy a realizar".

Así es como ella se acercó a su single, " Las Malandrinas, " dijo ella.

"Fue a finales de 1990 y principios de 2000 y los cantantes cantaban baladas y comidas románticas. Así que pensé, no soy típica en absoluto de cualquier manera, por lo que voy a hacer lo que los hombres hacen, pero con una voz diferente ", dijo Jenni , según un artículo de Billboard en diciembre de 2012 .

Jenni también comenzó a actuar en bares, que es donde conoció a Juan López.

Los dos pronto se casaron en 1997, pero

poco después de que López fue condenado a seis meses de prisión por contrabando de inmigrantes.

"No tenía más remedio que trabajar duro. ... Nunca pensé que yo misma iba a ser cantante. Llegó por casualidad", dijo Rivera a la revista Billboard en el 2011. " Cuando yo empecé a recibir llamadas para eventos en discotecas locales, yo dejaba a los niños con la niñera y me iba a trabajar y ganaba $ 100. Todo lo que quería hacer era traer queso, tortillas, frijoles y todo lo que pude conseguir para el refrigerador".

A pesar de la crisis en su matrimonio, la música de Jenni comenzó a elevarse.

Estaciones de radio en español en todo el sur de California comenzaron a dar música radiofónica significativa de Jenni .

En 1995, lanzó su primer álbum, Chacalosa fue lanzado bajo la discográfica Brentwood Records, según allplay.com.

Luciendo un sombrero de vaquero y mostrando su escote sexy mientras está de pie delante de una camioneta de perfil bajo, las canciones de Chacalosa como Libro Abierto, contaban historias, de acuerdo con el Whittier Daily News en Whittier, California.

Ella también dio a conocer de forma independiente los discos " Somos Rivera " y " Adiós a Selena, "que es irónico ya que Selena, un intérprete de música tejana, murió temprano en su carrera, fue baleada por un fan obsesionado en 1995.

Eso llevó a otras grabaciones después de que ella finalmente firmó con la división de América Capitol / EMI ' s en 1994, de acuerdo con allmusic.com.

A finales de 1990, Biography.com afirma Jenni firmó con Sony Records y luego con Fonovisa Records en 1999.

Fue entonces cuando Jenni lanzó su primer álbum comercial con Fonovisa , titulado " Que Me Entierren Con La Banda ", con éxitos " Las Malandrinas . "

En 2001, Jenni lanzó los singles " Déjate amar " y " Se las Voy A Dar a Otro. "

Según allmusic.com, Fonovisa lanzó un álbum muy ambicioso llamado " Homenaje A Las Grandes ", que significa un homenaje a los grandes. Fue Rivera rindiendo homenaje a famosos cantantes mexicanos como Lucho Villa, Mercedes Castro, Rocío Durcal, Lola Beltrán y Alejandra Guzmán.

A partir de aquí Jenni movió tan cerca de su destino final, de ser " La Diva de la Banda".

SUBCAPÍTULO:
REACCIÓN DE LAS ESTRELLAS SOBRE JENNI

SUBCAPÍTULO: REACCIÓN DE LAS ESTRELLAS SOBRE JENNI

La pérdida de Jenni Rivera en ese fatídico día de diciembre de 2012 se sintió por sus fans en todo el mundo, incluyendo algunos de los grandes nombres de la música, el cine y el deporte, tanto en los Estados Unidos, México y más allá.

"Estamos de luto", dijo Ricky Muñoz, vocalista de Intocable, dijo a la revista Billboard en diciembre de 2012. Muñoz era buenos amigos con Jenni Rivera, así como con su manager Arturo Rivera (ninguna relación a Jenni).

"Hemos perdido a dos miembros de nuestra familia. De Jenni, quedan grandes recuerdos. Ella era una luz. Su alegría era contagiosa y haberla perdido tan pronto y tan inesperadamente nos entristece, Muñoz dijo a Billboard. "En cuanto a Arturo, era un gran soldado, un gran amigo que trabajo sin parar para nosotros en México y que sin duda nos va a faltar. Todo esto hace hincapié en que la vida es frágil y que tenemos que vivir totalmente."

Estos son solo algunos de los ejemplos según reportado por *Fox News Latino*, el Hollywood Repórter, *USA Today* y *Gossip Cop.com*.

"¡Qué noticias terribles! Descanse en paz ... Mis condolencias más profundas para su familia y amigos," escribió la cantante y la actriz mexicana Lucero.

La estrella del pop mexicana Paulina Rubio, que sentó a lo largo del lado de Rivera en el "La Voz," la versión mexicana del espectáculo "The Voice" escribió: "¡Mi amiga! ¿Por qué? No hay ningún consuelo. ¡Dios, por favor ayúdeme! "

La actriz Mexicana-Americana Eva Longoria se sorprendió al enterarse sobre la muerte de Jenni.

"Mi corazón se rompe por la pérdida de Jenni Rivera y por todos los que iban en la avión. Mis oraciones están con su familia. Hemos perdido a una leyenda hoy."

Estrella de la televisión Mario Lopez, presentador del concurso de canto "The X

Factor," se entristecía por las noticias.

Estrella de la televisión en los Estados Unidos Mario Lopez, anfitrión de la competencia de canto "The X Factor," se entristece por la noticia.

"Pase algún tiempo con Jenni Rivera recientemente. Que dama increíble...,fresco, divertida, inteligente, y talentosa. Esta farsa... Dios bendiga a su familia", escribió."

Mientras tanto, Jennifer Lopez escribio en Twitter, "Tan triste! Orando por los ninos de Jenni Rivera y las familias de los pasajeros."

Pitbull, un cercano amigo y colaborador de Lopez, anadio sus propios pensamientos. "Yo altamente respetaba a #JenniRivera por ser una gran artista pero mas por ser real y un gran ejemplo para todos, que Dios la bendiga y que descanse en paz."

La cantante y compositora legendaria Gloria Estefan, quien ella misma tuvo un roce con la muerta a comienzos en su carrera, reacciono de esta manera. "*OMG!* Me acabo de enterar @jennirivera. Orando por ella y su familia durante este momento difícil e incierto! Nuestro mas profundo pesame para

la familia y fans de @jennirivera y aquellos que la acompañaron en los que seria su ultimo viaje. Descanse en paz..."

Cantante Mexicana Thalia: "Dios mio! Me acabo de enterar sobre la terrible noticia de Jenni Rivera. Estoy orando por un milagro! Una cadena de oraciones para Jenni y su familia."

Cantante Mexicana: Gloria Trevi: "Sigan orando por Jenni y sus acompañantes, por favor! Fuerza y amor para las familias."

"Escuche noticias confirmadas sobre nuestra querida @JenniRivera.. rope mi corazon en mil pedazos...es una gran pérdida para nuestra comunidad," dijo el actor Mexicano-Americano Wilmer Valderrama. "Tu historia, tu pasión, tu orgullo para la familia nos inspira a todos. Tu dejas atras el legado de un icono #RIPJenniRivera."

Debido a Jenni la fama comenzó a llegar a América convencional, muchas celebridades no latinos expresaron tristeza al enterarse de

SUBCAPÍTULO: REACCIÓN DE LAS ESTRELLAS SOBRE JENNI

su fallecimiento repentino.

"RIP #JenniRivera Yo llegue a concerte lost ultimos anos. Talentosa, humilde, inteligente, e indiferente. Mi tipo de Diva," anfitrión del programa nocturno en NBC, Carson Daly, escribió en su cuenta de Twitter,

Def Jam, el co-fundador de la etiqueta de la música de hip hop Russell Simmons escribió, "RIP Jenni Rivera."

LaToya Jackson, hermana del difunto Michael Jackson, escribió: "#Jenni fue una inspiración para muchos y sin duda impacto en la comunidad Hispana! RIP Jenni Rivera!"

Kirstie Alley estrella de la televisión: "RIP Jenny Rivera...y que Dios bendiga a sus hijos."

Incluso el equipo del béisbol de Los Angeles Dodgers, que Jenni realizó, el himno nacional en un juego, escribió: "Descanse en Paz, Jenni Rivera."

El vocalista melódico americano legendario Tony Bennett, que realizó en la Ciudad de México la noche después del fallecimiento de Jenni, escribió: "Mi rendimiento esta noche en la Ciudad de México se dedica a la maravillosa artista Jenni Rivera y cada uno implicado en la tragedia de ayer."

Princesa del pop estadounidense Christina Aguilera y co-presentadora del programa "The Voice" en los Estados Unidos, escribió: "The Voice y La comunidad Latina ha perdido a alguien tan talentosa y especial. Pensamientos y oraciones están con todos ustedes mientras lloramos la perdida de Jenni Rivera."

El anfitrión de American Idol Ryan Seacrest: "@jessimaldonado gracias por compartir sus historias de @jennirivera... increíble cómo ella inspiró a muchos."

Rapero estadounidense Snoop Dogg: "Rip jenni rivera-una señora dulce y una hermosa

voz ella sera extrañada se suponía que íbamos a hacer una canción juntos Estoy tan triste!"

Presentadora de televisión estadounidense Ellen DeGeneres: "Sé que muchos de mis seguidores se han entristecido por la noticia de Jenni Rivera. Envío amor a su familia y sus fans."

Acto Americano John Leguizamo: "#jenni rivera es una tragedia. Artistas por favor no vuelen en esos aviones. Ellos siempre nos reciben."

Actriz ganadora del Oscar y co-anfitriona del programa de televisión ABC "The View", Whoopi Goldberg: "R. I. P. Jenni Rivera,INCREÍBLE y una mujer muy talentosa. Mi mas sentido pesame para su

familia…Amo su música."

Mexican singer Mijares: "Abrazos, oraciones y mi más sentido pésame para todos los deudos de @jennirivera y acompañantes en este terrible accidente."

Kat DeLuna: "Vamos a orar para @jennirivera y para los que estaban en su avión. Dios por favor dale a su familia fuerza durante este momento."

Joan Sebastián: "AMIGA! Aplaudiré llorando por la conclusión de tu vida terrenal y por el inicio de tu INMORTALIDAD!"

Vikki Carr: "Pls todos rezen una oración por Jenni Rivera. Murió en accidente aéreo con su grupo en México. Dios concedele su paz. Tan conmocionado y triste."

Pepe Aguilar: "Sinceramente no tengo palabras. Completa y sincera solidaridad para todos los familiares de las víctimas de esta tragedia…… ……muy especialmente……para todos sus fans. Descanse en paz. Importante reflexionar sobre lo frágiles que somos. La vida es una bendicion, nuestro mayor y único tesoro…..jamás hay que olvidarlo."

Mariana Ochoa from the pop group OV7: "Me uno a las oraciones.. Q noticia tan terrible. Sin palabras."

Edith Márquez: "Sigo impactada por esta triste noticia !!! Bendiciones para sus hijos!!!! Jenny Rivera te vamos a extrañar!!!! Y mucho."

CAPÍTULO TRES:
LA CONQUISTA DE UN MUNDO DE HOMBRES

CAPÍTULO TRES: LA CONQUISTA DE UN MUNDO DE HOMBRES

En la cultura mexicana, se espera que las mujeres se comporten de manera muy diferente que los hombres. Se supone no jurar, ni beber, ni coquetear. Y, si lo hicieron esas cosas, se suponen que no deben de hablar de ello, y mucho menos cantar sobre ello.

Pero si un hombre puede hacerlo, entonces ¿por qué no una mujer?

Jenni Rivera sería esa mujer.

"Me pareció inapropiado que una mujer cantara acerca de emborracharse y coquetear alrededor y estar orgullosa de ello, sobre todo en un género y cultura en la que se espera que las mujeres sean damas con clase ", escribió Gustavo Arellano, un escritor respetado de la música y la cultura mexicana OC semanal el 13 de diciembre de 2012.

Arellano entrevistó Rivera durante tres horas en 2003, la primera vez que el crítico de música mexicana nunca habló con ella.

Él se mostró escéptico sobre ella al principio sobre todo porque él no había oído hablar de ella mucho.

"En el transcurso de la conversación, se me cayó todo mi machismo y me convertí en un fan eterno. No era sólo la música, que era fuerte, impetuoso y maravillosamente sin complejos, pero también lo que ella representa: un visionario que, como yo iba a escribir, "cambió para siempre la cultura mexicana ", simplemente por cantar acerca de su historia de pobreza a la riqueza y instando a los fans a creer que también podría encontrar el éxito si sólo trataran ", escribió Arellano.

Como Arellano vio, Rivera tuvo la oportunidad de hacer lo que ningún otro artista estaba

CAPÍTULO TRES: LA CONQUISTA DE UN MUNDO DE HOMBRES

haciendo en la industria de la música mexicana: "Contar las historias de los mexicanos fuera de la Madonna / prisma puta tradicional. "

"Me convertí en un cantante porque soy una mujer de negocios ", dijo Rivera a Arellano en su entrevista en 2003 con ella. "Yo era una niña de negocios, entonces un adolescente de negocios, y, finalmente, una mujer de negocios. Ninguna otra mujer lo estaba haciendo, así que sabía que

con tantas personas que se desplazan a los Estados Unidos, está cambiando. Las mujeres mexicanas ya no sientan allí, esperando a los hombres a que nos apoyen. No podemos más, es demasiado caro. Ya sea que se levanten su culo y hagan algo por ti mismo, o te mueres de hambre. "

Según Arellano, Jenni comenzó con cosas

iba a dominar el mercado.

"Al mismo tiempo, yo no sólo quiero ser otro cuerpo bonito en el escenario, " Rivera continuó en el artículo OC Weekly. "Quería transmitir un mensaje - que las mujeres podían ser tan malas - como los hombres. Mira, la sociedad mexicana va a ser machista para siempre, porque así es como nuestra cultura es. Pero

de lo que describió como "novelty singles " La Chacalosa " y " Las Malandrinas. " Las canciones se traducen en " El Chacal Woman" y " The Bad Girls. " Las canciones buscaron a " escandalizar la sociedad mexicana a finales de 1990 ", escribió Arellano.

Luego vino la golpeó " Ovarios ", un intento de obligar a la sociedad a mirar a los ovarios

CAPÍTULO TRES: LA CONQUISTA DE UN MUNDO DE HOMBRES

independiente, pero con éxito; el tipo de mujer que todos querían ser; la historia americana de éxito inmigrantes mexicanos quieren para sus hijos ", continuó Arellano.

Jenni atribuye gran parte de su éxito inicial en la música a los narcocorridos, un género que sus fans se identifican.

"Yo soy como ellas. Creo que están cansados de ver a estos artistas fabricados que, sí, están bien, son hermosas, pero ¿cuántos de nuestros fans se parecen a eso, tu sabes lo que estoy diciendo? No sólo en la apariencia pero pueden identificarse conmigo porque yo vengo del barrio, vine del gueto - eso es que compra mi música. Es la gente humilde ", dijo Rivera a bantanga.com en marzo de 2005 sólo unos pocos años después de que Rivera hizo su debut.

Marty Preciado, una escritora con Remezcla, escribió en diciembre de 2013, que la música y el estilo de Jenni Rivera hacen a mano una nueva imagen de la mujer mexicana mediante el uso del género dominado por los hombres de la música de banda para sus propias necesidades y para obtener su propio mensaje.

" Jenni Rivera tuvo la valentía de desafiar las

de la misma manera, ya que utilizan las "bolas " de expresión como objeto significar fortaleza o valentía.

Arellano escribe: " La suya (Jenni) fue una vida dura - tres divorcios, un sobreviviente de violencia doméstica , resistió recortes continuados por los escépticos que la veían simultáneamente como también muy chola y también de clase baja mexicana , pero era de ella , y ella se lleva a cabo sin vergüenza."

"Y eso es lo que la hizo querer mucho", Arellano escribió, " a millones de mujeres mexicanas y más de un par de hombres. "

"Rivera era la prima a quien las tías siempre cloqueaban acerca de ella; la prima que era un poco demasiado fuerte, demasiado

CAPÍTULO TRES: LA CONQUISTA DE UN MUNDO DE HOMBRES

nociones idealizadas de belleza promovidos en la cultura anglo, donde la piel fina y justo ocupa un espacio privilegiado en la industria de la música ", escribió Preciado. " Ella se convirtió en fundamental en la consolidación de los nuevos

mujeres fueron colocadas en los rincones oscuros, frecuentemente objetivado y socavado como potenciales artistas del género. Ella era una de las pocas mujeres a cantar narcocorridos ", escribe Preciado

Preciado escribe que Jenni cree en la verdadera Jenni Rivera, la que llegaría a convertirse en " La Diva de la Banda ", nació cuando Fonovisa lanzó en 1999 la canción " Las Malandrinas. "

"Las Malandrinas es una joya musical y el himno que ella comenzó a romper el status quo ideológico con respecto a cómo se ve el comportamiento de las mujeres ", escribe Preciado.

Esto es lo que la misma Jenni tenía que decir acerca de la canción.

"Malandrinas" significa,"chicas malas" pero no de una manera negativa.

parámetros de identidad y empoderamiento de las mujeres mediante la definición de nuevos valores para una chingona (mujer hot shot) y ser una fuente de inspiración para las mujeres, que , como ella, fueron sometidas a importantes conflictos personales . "

"En el ámbito musical narcocorrido, las

Lo escribí en homenaje a mis fans femeninas. El tipo de chicas que van clubbing, beber tequila y valerse por sí mismas. "Una canción que representa a la perfección el deseo de una mujer para ser un agente de sus deseos y disfrutar de la vida, sin tener que atender a las opiniones misóginas.

De acuerdo con Jenni , Las Maladrinas fue cuando " Jenni Rivera el artista nació en realidad . "

"Discurso empoderamiento femenino de Rivera es una demostración de su profunda influencia a través y más allá de la música. Abrazó a su crianza del barrio y profundamente arraigado tradiciones culturales mediante la integración de sus valores en su música. Ella continúa sirviendo como un texto cultural y fuente de inspiración para las mujeres marginadas que enfrentan el machismo en sus vidas día a día ", escribe Preciado. Jenni Rivera es una " mujer que rugió en un género dominado por los hombres, allanando el camino para el fortalecimiento y la liberación de las mujeres del barrio. "

Rivera atribuye Fonovisa / Universal con éxito la comercialización de " Las Malandrinas ", un sencillo de su álbum, " Que Me Entierren Con la Banda " en 1999.

Rivera había cambiado a Fonovisa / Universal de Sony, un gran paso en su carrera.

"En ese momento , Sony tuvo un gran éxito y tuvo una larga lista de artistas que fueron más exitosos que yo, músicos mexicanos regionales como mi hermano (Lupillo Rivera) y otros artistas que mi padre había licencia a ellos ", dijo Rivera a la revista Billboard en el año 2011 . "Necesitaba salir de allí e ir a algún lugar que podría conseguir más atención. "

Sin embargo, la obtención del respeto y la admiración de sus colegas masculinos no fueron fáciles.

A veces, incluso su propio padre, Pedro Rivera, fundador de la disquera, registro Cintas Acuario y Lupillo Rivera, hermano ganador del Premio Grammy de Jenni , que es un icono del narcocorrido en su propio derecho , tuvo dificultades para convencer a los que no creían que podía hacerlo , de acuerdo con Billboard

Magazine en un artículo publicado en diciembre de 2012.

" Ella hizo exactamente eso, al negarse a jugar el estereotipo de mujer sumisa, en lugar de fundición a sí misma como una feminista tequila embeben franco, " Billboard escribió. "La clave para la longevidad de Rivera siempre ha sido su autenticidad, desde el momento en que primero agarró un micrófono como una madre divorciada con tres tratando de pagar las cuentas a su condición actual como intérprete de varios guiones que en realidad es una mujer de negocios en el fondo. "

"Aquí estoy, 13 años después '.

El simple hecho de radiofónica en ese entonces era una lucha para Jenni .

"Es un género dominado por hombres. Estaba golpeando duro en las puertas para que mi música se reproduzca. Un programador de radio en Los Ángeles, el hijo de puta más malo del mundo, tiro mi CD en la basura justo en mi cara. Me alegro de haber pasado por esto porque me dio el gas para seguir adelante, " dijo Jenni a Billboard. " Me hizo decir, " Un día, voy a demostrar a este chico que lo puedo hacer. "

A pesar de que Jenni estaba rompiendo las barreras y romper los estereotipos, no vaciló en mostrar un lado más suave en su música. Al igual como en la canción, " Amiga Si Lo Ves".

Eso no significa que Jenni estaba empezando a alejarse de su pan y mantequilla, los corridos.

"Yo no creo que pueda alejarme de eso porque si lo hago, ¿quién más va a hacerlo? Si me voy, mi gente me mataría. Ellos quieren a alguien que los represente y que yo, " Jenni le dijo a abantanga.com. " Así que, si me puedo quedar con ellos y darles lo que quieren, y aún así ser capaz de conquistar un nuevo mercado, entonces eso es lo ideal para mí. "

Jenni le dijo a la revista de internet , Bantanga. com , que ella se veía como un modelo para otras mujeres jóvenes.

Jenni le dijo a Billboard que todos los negativistas de hecho la empujaron para comenzar a cantar en serio después de sólo hacerlo como un hobby.

"He estado grabando desde 1993. Era un hobby por seis de esos años. En 1999, me decidí a hacerlo a tiempo completo y tomarlo en serio. Cuando empecé a tener tantos enemigos y las puertas cerradas, me decidí a comprobar que se si podía hacer. Yo era una madre divorciada de tres en aquel tiempo y un taya 12 - no su artista modelo típico que nombraba trabajo para la industria de la música ", Jenni dijo a Billboard en 2011. " Había tantos nos a causa de mi música, cómo me mirava y porque me decidí entrar en un género dominado por hombres. Ellos pensaban que yo estaba loca. La adversidad y la lucha terminaron siendo mi bendición. Ahí es donde mi siguiente vino. Mis fans me decían: ' Ella es realmente como nosotros. Ella se parece a nosotros. Ella habla como nosotros. Ella actúa como nosotros. Ella pasa por lo que pasamos.

CAPÍTULO TRES: LA CONQUISTA DE UN MUNDO DE HOMBRES

"Yo creo que he tenido que ser (un modelo). Yo no quería considerarme como eso, sino que es lo que me he convertido. He llegado a donde estoy porque soy diferente, porque soy atrevida, porque represento a mi gente. Yo los amo ", dijo Jenni a Bantanga.com. " Y porque soy real, por lo que imagino, Wow ! Jenni ha pasado por esto, al igual que yo, y Jenni ha hecho esto, igual como yo. He pasado por todo tipo de cosas, al igual mis fans. Sin querer, me convertí en un modelo y ahora me encanta. Me hace más consciente, me hace más cuidadosa en cuanto a lo que voy a hacer. "

La clave del éxito de Rivera en este género de la música no era su voz poderosa y sensual, dice Los Angeles periodista musical y escritor, Agustín Gurza. Era su narración de cuentos que llegó a través de la experiencia personal.

"Fue que ella vertió su historia de vida en sus canciones, con todos sus defectos, caídas y tragedias, incluyendo el embarazo adolescente y la violencia doméstica ", dijo Gurza a el Miami Herald en diciembre de 2012. "Los fans le hicieron una estrella porque veían a sí mismos reflejarse en ella. "

Cantando de beber, divertirse y hacer esto, la mujer más adecuada se atreve cantar sobre ello, conecto a ella con los fans de ambos lados de la frontera.

" Ella fue la primera cantante femenina mexicano-estadounidense del sur de California para alcanzar el estrellato en ambos lados de la frontera, y que el éxito inspiró la legión de fans que compartieron sus raíces inmigrantes y educación humilde clase trabajadora ", dijo Gurza el Miami Herald. " ¿Qué conjunto de Jenni aparte era su voluntad de exponer su vida personal, incluyendo aquellos episodios

a veces sórdidos . La suya era una historia de triunfo de la clase obrera , de los pobres contra todo pronóstico , de la perseverancia y coraje en la cara de la adversidad. Los aficionados no pueden conseguir bastante de eso , ya que les da esperanza para su propia capacidad para superar todas sus dificultades y piedra de tropiezo " .

Para algunos , es increíble el nivel de éxito Jenni logra ", mientras que ser atrapado en una especie de tierra de nadie : Para muchos, ella no era lo suficientemente Americana para el público estadounidense o suficiente para las audiencias mexicanas mexicana", el presidente Gabriel Abaroa Jr., y CEO de la Academia Latina de la Grabación , dijo al Miami Herald en diciembre de 2013 " y sin embargo, por la fuerza de su talento y personalidad que lo hizo - . y ella fue masiva. Había tan pronto llenar un auditorio o una sala de conciertos como ella podría llenar un estadio de fútbol o una plaza de toros " .

Si bien muchos dicen Jenni rompió barreras para las mujeres en la música mexicana , que es donde Gurza en desacuerdo con ellos . Gurza es el autor de La Frontera Strachwitz Colección de mexicanos y mexicanas American Recordings (Chicago Archives).

"Ella (Jenni) encaja dentro de una larga y respetada tradición de cantantes femeninas exitosas que se remontan a la Revolución , entre ellos Lucha Reyes en el 1930 y , más recientemente, Lola Beltrán, Amalia Mendoza, Yolanda del Rio y el fallecido Chavela Vargas ", dijo a la Gurza Miami Herald.

Arellano del OC semanal dice Jenni sabía dónde quería ir y cómo llegar allí.

"Ellos van a pensar de una mujer que es real. Pensarán sobre una mujer que pasó por el infierno y de regreso y nunca se rindió. Nadie más ha abierto alguna vez las puertas para mí, los abrí yo mismo, " dijo Jenni Arellano. " y la gente tiene un problema con las mujeres que hacen eso. Ellos tienen un problema cuando ya no estamos tan pasivas y sumisas como, digamos, sus madres estaban creciendo. Lástima. Digo lo que digo y hago lo que yo . yo soy yo " .

SUBCAPÍTULO:
¿QUÉ ES BANDA, NORTEÑA Y RANCHERA?

SUBCAPÍTULO: ¿QUÉ ES BANDA, NORTEÑA Y RANCHERA?

¿ Exactamente qué es Banda, Norteña y Ranchera como género musical?

¿No son estos géneros musicales mexicanos los que la "Diva de la Banda" Jenni Rivera cantó casi todos sin distinción?

La respuesta es: ¡No!

Hacer esa pregunta es similar a preguntarse si la música de rap es lo mismo a la música de big band o si jazz es lo mismo que el blues?

Unidos y América Latina.

Para ser justos, Banda, Ranchera y Norteña también son diferentes entre sí.

Por lo tanto, aquí está una pequeña lección de la historia musical de México.

Vamos a empezar con Banda.

"En varias ocasiones en México, se puede escuchar Banda sonando por varias cuadras. Sus bronces militantes rasgan a través del aire como metralletas, el bombo y los platillos parecen aflojar los cimientos de los edificios.

Al aproximarse, a través del polvo y furia que se levanta, uno puede sentir la tierra temblar con una vibración determinada," escribió Don Bergland, Asociado en Educación Artística en la Universidad de Victoria en Canadá.

Por supuesto que no .

Al igual que hay muchos géneros en la música Norte Americana, así también lo hay en la música latina.

Para empezar, vamos a distinguir lo que no es banda o Norteña y Ranchera.

No es salsa, merengue, bachata, música tejana, el bolero o bossa nova, que son algunos de los géneros latinos más conocidos en los Estados

El encargado del bombo toca su instrumento con furia posesiva. Trombones y trompetas están en pie, la proyección de una intensidad de latón como cortar cualquier falange de lanzas de guerra, mientras el rugido acorazada de un rollos de tuba bajo una lluvia de staccato picotear cuernos. Todo esto se lleva a cabo con un entusiasmo apasionado que deja a la mayoría de las personas que no son mexicanos, ya sea moviendo la cabeza aterrorizados o escapando rápidamente a la

SUBCAPÍTULO: ¿QUÉ ES BANDA, NORTEÑA Y RANCHERA?

dijo Saphiere.

Una Banda, Saphiere dijo, varía de tamaño desde alrededor de 8 a 24 músicos, que consiste principalmente bronces o instrumentos de viento como clarinetes, trompetas, trombones, tubas y, a veces muchos tambores.

soledad."

Bergland escribe que la música de banda no es para todos.

"A pesar de que los propios mexicanos se reúnen y aplauden estas actuaciones de Banda con pasión, la gente que no son mexicanos parecen evitarlos con la misma pasión", escribe Bergland. "La música es muy ruidosa y estridente y la percusión a veces muy exigente. La ferocidad de los bronces suenan disonantes en la entonación y afinación y puede ser bastante desconcertante para los oídos desprevenidos. Como resultado, la música mexicana Banda parece ser un gusto adquirido, incómodo para las personas ajenas a la cultura".

Según el escritor con sede en México Dianne Hofner Saphiere, Banda es popular en Mazatlán y el resto de Sinaloa, el estado donde se originó la música.

"Música de estilo Banda se remonta a la década de 1800 . Fue importado de Alemania cuando los alemanes llegaron a inventar la cerveza Pacífico",

"Muy a menudo una Banda - con un acordeón en realidad es una banda de música Norteña. Mientras que algunos Norteñas vienen de Sinaloa, la mayor parte proviene de los estados más al norte de México. La música Norteña también pueden agradecer a los alemanes (y los checos) por su inicio. Es un sonido más rural, y realmente me gusta demasiado" , dice Saphiere.

Cuando se trata del sonido de Banda, Saphiere dice que hay varias y las más comunes son cumbias, rancheras y corridos .

El mas famoso y el mejor ejemplo es la Banda El Recodo, dice Saphiere. "El nombre completo de la banda es Banda Sinaloense el Recodo de Don Cruz Lizárraga. La banda ha estado bajo la dirección de la familia Lizárraga hace más de 70 años. Su vocalista actual suena muy diferente al cantante anterior, pero canta muy bien y además es muy joven. Con suerte, él será la voz principal de la Banda El Recodo en los años por venir".

Otras bandas populares incluyen La Banda Arrolladora, Banda El Limón, Banda MS, Cuisillos,

SUBCAPÍTULO: ¿QUÉ ES BANDA, NORTEÑA Y RANCHERA?

escucha música de todo el mundo y también producen sus propias formas de la música moderna la música tradicional mexicana sigue siendo muy popular entre la gente de todas las edades. Estas formas tradicionales de la música mexicana son sin duda coloridas, llenas de pasión y se crearon en los orígenes de este país de gran riqueza cultural".

Algunos artistas populares Norteños son Los Alegres de Terán, Los Cachorros De Juan Villarreal, Los Tigres del Norte y Los Tucanes de Tijuana.

Banda Jerez y Banda Los Recoditos, cuales todos los miembros son hombres.

Cantantes populares de banda femenina incluyen Ana Gabriel, Shaila Durcal, Carmen Jara, Ana Bárbara, Graciela Beltrán y, por supuesto, " La Diva de la Banda ", Jenni Rivera.

Ahora, en cuanto a la música Norteña, que es un poco diferente a la Banda, y sus orígenes comienzan en el norte de México (Norteño significa Norte) y el sur de Texas, a lo largo de la frontera de Estados Unidos y México.

El ingrediente principal para Norteñas es el uso de uno o más acordeones.

"En el siglo 19 los inmigrantes europeos trajeron el acordeón, el vals y la polka, de su tierra natal al norte de México y el suroeste de EE.UU. Grupos locales adoptaron estos elementos, lo mezclaron con música ranchera, y así nació un nuevo género. El tempo es generalmente medio o rápido. "Tejano" o " Tex- Mex" la música a menudo es confundida con el estilo Norteño , sin embargo Tejano es una mezcla de música norteña con música rock y el country estadounidense ", según haciendatresrios.com. "A pesar que en México se

Ahora, en cuanto a la música Ranchera, que significa literalmente "música del rancho", es la forma más simple de la música mexicana.

Al igual que la Banda, su fecha de inicio fue durante la Revolución Mexicana.

Básicamente, la música Ranchera utiliza una guitarra acústica y unos bronces de vez en cuando.

Al igual que muchos tipos de música, la letra de las rancheras se centran en el amor y el amor perdido.

Muchos cantantes de Rancheras visten atuendos de vaquero - una chaqueta, armas, botas ajustadas y un gran sombrero- para parecerse a los jinetes mexicanos que inspiran su música.

Según Gustavo Arellano del OC Weekly , algunos de los cantantes más famosos de la música Ranchera incluye a Vicente Fernández, Pedro Infante, Lola Beltrán, Jorge Negrete, Antonio Aguilar y Javier Solís.

CAPÍTULO CUATRO:
MÚSICO POR LA NOCHE, MUJER DE NEGOCIOS POR EL DÍA

CAPÍTULO CUATRO: MÚSICO POR LA NOCHE, MUJER DE NEGOCIOS POR EL DÍA

Jenni Rivera, "La Diva de la Banda", fue sin duda la reina de la música regional mexicana, más específicamente en los géneros de la Banda, Norteño y Ranchera, dominando las listas de música en los Estados Unidos y México desde hace más de diez años.

Puedes ver que Jenni no solo era una potencia musical, también era una exitosa empresaria.

"Soy una mujer de metas y logros. He logrado mucho en mi carrera musical. Ahora mi corazón está puesto en tener un programa de televisión y radio. Quiero ser capaz de hablar con la gente que me quiere

Simplemente, no habrá nadie como ella y no será fácil reemplazarla.

Incluso su estilo de música puede ser copiado, imitado y replicado, pero duplicando el sentido y la inteligencia que Jenny tenia para el negocio es imposible igualarla.

y que se me retribuya por eso ", Jenni Rivera le dijo a la revista Billboard en 2011."Quiero ser la mexicana-americana Oprah Winfrey. Esa ha sido siempre mi meta".

Desde fragancias, a jeans, ropa deportiva, cosméticos y productos para el cabello, Jenni no era sólo una cantante, se había

CAPÍTULO CUATRO: MÚSICO POR LA NOCHE, MUJER DE NEGOCIOS POR EL DÍA

convertido también en una marca.

"Soy más que una empresaria. Eso es lo que siempre he sido. Desde que era niña, buscaba cosas para vender para hacer dinero extra, y eso continúa, "Jenni dijo a Billboard."Cantar es mi trabajo. Siempre voy a ser una mujer de negocios, pero no siempre una artista, un músico".

Jenni Rivera aprovechó la era del reality show introduciéndonos a "I Love Jenni" en 2010 y su otro show "Chiquis n 'Control", protagonizada por su hija Janney "Chiquis" Marín, emitido en el canal mun2 de Telemundo.

"Sé que tengo algo que decir y la gente le gusta escuchar," Jenni Rivera dijo al diario San Antonio Express News en septiembre de 2012."Realmente me siento y creo que eso será mi futuro, pero siempre pensé

que sería más adelante, cuando me retire de cantar y lista para comenzar una nueva carrera."

Al igual que el clan Kardashian en el reality show de televisión en Estados Unidos, Jenni Rivera no le importaba que la gente viera su estilo de vida a veces sensacionalista.

Jenni le gustaba los comentarios que le decían.

"Tu tienes una familia tan normal, eres igual que nosotros", le dijo a la Noticias Express. "Mi mamá no es tan loca como tu."

Cuando le propusieron hacer un reality show para unas cadenas de tv en español, Jenni quería estar en control.

"Ella quería el control creativo", amigo de Rivera y director Pete Salgado dijo al diario Los Angeles Times en abril de 2013. "Recuerdo que la gente pensaba que estaba

la producción, le pico, lo que nosotros llamamos el gusanillo de la televisión."

"I Love Jenni" era una especie de "guiño" a los viejos episodios de "I Love Lucy" de la década de 1950, según el diario Los Angeles Times.Las grandes empresas como Target, T-Mobile y Burger King firmaron contratos para patrocinar el exitoso programa de mun2.

"Le encantaba el hecho de que ella estaba en el control de la serie," Morales dijo al LA Times. "A menudo fue objeto de historias sensacionalistas, pero aquí podía decir exactamente lo que quería."

fuera de su mente porque Mun2 era una red de cable pequeño. Pero ellos dejaron que ella tuviera el control.

Flavio Morales, vicepresidente de programación y producción de canal de cable de NBCUniversal, mun2, recuerda que Jenni no quería hacer el programa al principio, pero le picó el gusanillo de TV cuando vio el producto final.

"Cuando la capturábamos en la cámara, ella tenía la magia," dijo Morales a Los Angeles Times en diciembre de 2012. "Ella sabía qué decir, cómo su público iba a reaccionar y luego cuando empezamos

Según el diario Los Angeles Times, "I Love Jenni" promedio 60.000 espectadores en el principio, pero creció a un 34 por ciento en su segunda temporada, con más de 100.000 espectadores en prime time, grandes números para una pequeña red.

Esos números ayudaron al clan Rivera a convertirse en la familia real de mun2.

"Fue un show que ayudo en el mercado de identificarnos, Diana Mogollon, gerente

general de mun2, parte de NBCUniversal, dijo a Los Angeles Times en 2013. "La red tiene 11 años, pero todavía estamos en pañales. 'I Love Jenni' nos ayudó a encontrar nuestro propio estilo".

Programas de televisión que generaron

líneas de moda.

Jenni tenía su propia línea de maquillaje y fragancias, "Jenni de Jenni Rivera", que fue vendida en Sears. Después, ella se asoció con NuMe para desarrollar una línea de secadores y planchas de pelo de alto costo.

Pantalones de mezclilla y boutiques formaron parte de sus negocios .

Si todas estas cosas no fueron suficientes, ella tenía su propio programa de radio de cuatro horas llamado "Contacto directo con Jenni Rivera".

"Soy un comunicador. Quiero tocar diferentes temas-problemas de relaciones, problemas sociales, la inmigración, chismes, que es lo que le pasa a la gente .Quiero que escuchen de primera mano lo que siento. Además, tengo la oportunidad de tocar música y aclarar chismes sobre mí misma ", dijo Jenni a Billboard Magazine en diciembre de 2011."Tenemos un segmento llamado" Que haría Jenni, "-¿que haría Jenni en mi situación? Tengo un segmento de perdón. Si hay alguien que te daño, podemos conectar te con la persona y resolver la situación para que ustedes pueden ser amigos, amantes, socios de negocios o lo que sea. Quiero hacer cosas positivas para mi gente. "

CAPÍTULO CUATRO: MÚSICO POR LA NOCHE, MUJER DE NEGOCIOS POR EL DÍA

En "I Love Jenni", Jenni Rivera no vaciló en temas controvertidos, incluyendo uno en 2010 donde ella viajó a Arizona para marchar en protesta por la ley de inmigración del estado SB 1070.

"Mi nombre es Jenni Rivera. Hablo perfectamente el español y el inglés Al menos lo intento, "ella dijo en la protesta, de acuerdo a el periódico Whittier, California Daily News en diciembre de 2012."Orgullosamente nací y crecí en el área de Los Ángeles, criada en Long Beach, California, y a las 10 de esta mañana estaba orgullosa de haber marchado con ustedes. Esa no era la artista. Esa fue una orgullosa mujer mexicana defendiendo a su pueblo".

El siguiente paso de Jenni era hacer películas.

De hecho, en abril de 2012, Jenni comenzó su debut como actriz en Inglés en la película "Filly Brown", un drama independiente en la que interpreta a una madre presa de un aspirante rapero, quien está tratando de mantenerse en contacto con su hija mientras esta tras las rejas.

Filly Brown fue nominado para el Premio

CAPÍTULO CUATRO: MÚSICO POR LA NOCHE, MUJER DE NEGOCIOS POR EL DÍA

del Jurado en el Festival de Cine de Sundance 2012 y ganó como Mejor Película en el Festival de Cine de Noor iraní de 2013. La película fue una producción de Lionsgate con Patelion Films quien hizo la distribución.

Uno de sus coprotagonistas era Edward James Olmos, junto con Lou Diamond Phillips y Gina Rodríguez.

"Jenni era una fuerza increíble", dijo Olmos Billboard."Jenni era sólo una fuerza increíble. Desde el principio he dicho que podía ganar un premio de la Academia por su trabajo en Filly Brown. Ella tuvo una vida dura, pero

también tenía un don extraordinario".

En pocas palabras, el sentido empresarial de Jenni Rivera fue tan exitoso como su carrera de cantante.

"Cuando vi que mi vida provocó interés o intriga entre la gente de televisión, pensé, 'Voy a usar mi nombre a mi manera. Mi nombre se utiliza de muchas maneras por muchas personas, por lo que entonces la mejor manera de emplear el nombre de Jenni Rivera es ser la empresaria que soy y decir: 'Voy a producir programas de televisión, voy a tener una línea de ropa, voy a crear perfumes, voy a tener mi propio programa de radio '", dijo Jenni durante la conferencia de Billboard Latin en abril de 2012, de acuerdo con Univision. com.

"Creo que soy mejor empresaria que artista. Ya sea vendiendo chicles en la escuela o mis calificaciones o respuestas a la prueba, siempre estaba vendiendo algo ", dijo Jenni a Leila Cobo en un entrevista en 2012, de acuerdo con Univision.com.

Jenni Rivera atribuye su sentido del negocio de un profesor en la escuela de negocios.

"Mi profesor de la escuela de negocios me dijo: 'Tienes que vender algo, debes comercializar algo.' Eso es algo que siempre se quedó en mi mente. Nunca me imaginé que iba a venderme a mí misma. Todo es el resultado de la música, pero la mente de negocios llegó antes. Los dos se unieron, y juntos creamos un artista ", dijo Rivera, de acuerdo con Univision.com.

CAPÍTULO CINCO:
EL FATÍDICO VUELO
DEL LEARJET 25

CAPÍTULO CINCO: EL FATÍDICO VUELO DEL LEARJET 25

En 1971, el cantautor de Rock Folk estadounidense Don McLean lanzó la canción "American Pie ", que incluye la letra "El día que la música murió."

Lo cual se refiere a la muerte de tres músicos conocidos de Rock que murieron en febrero de 1959 en un accidente de avión en Iowa. Los que murieron incluye a Buddy Holly, J.P. "The Big

en un accidente aéreo el 9 de diciembre de 2012, en el norte de México seguro se sentía como un "día que la música murió " para muchos de sus fans.

Así que, ¿qué pasó exactamente ese día?

Esto es lo que sabemos.

Después de un concierto en Monterrey, Nuevo León, México, Jenni Rivera abordó el avión en las

Bopper" Richardson y Ritchie Valens.

Valens, mejor conocido por el hit " La Bamba ", podría ser considerado el primer Superestrella de Rock Mexicano Estadounidense superestrella. El nativo de Los Ángeles tenía sólo 17 años cuando murió.

"American Pie" es una canción que ha perdurado a lo largo de los años.

Si una canción es escrita sobre la muerte de Jenni Rivera está por verse, pero el día que murió

primeras horas de la mañana del 9 de diciembre de 2012.

De acuerdo a la revista Billboard, Rivera viajaba con Arturo Rivera, Jorge " Gigi " Armando Sánchez Vásquez, Jacobo Yebale, Mario Macías Pacheco, junto con el piloto Miguel Pérez Soto y el copiloto Alejandro José Torres.

Arturo Rivera se desempeñó como publicista de Jenni pero no estaban relacionados. Jorge Sánchez era el estilista de Jenni y Yebale era

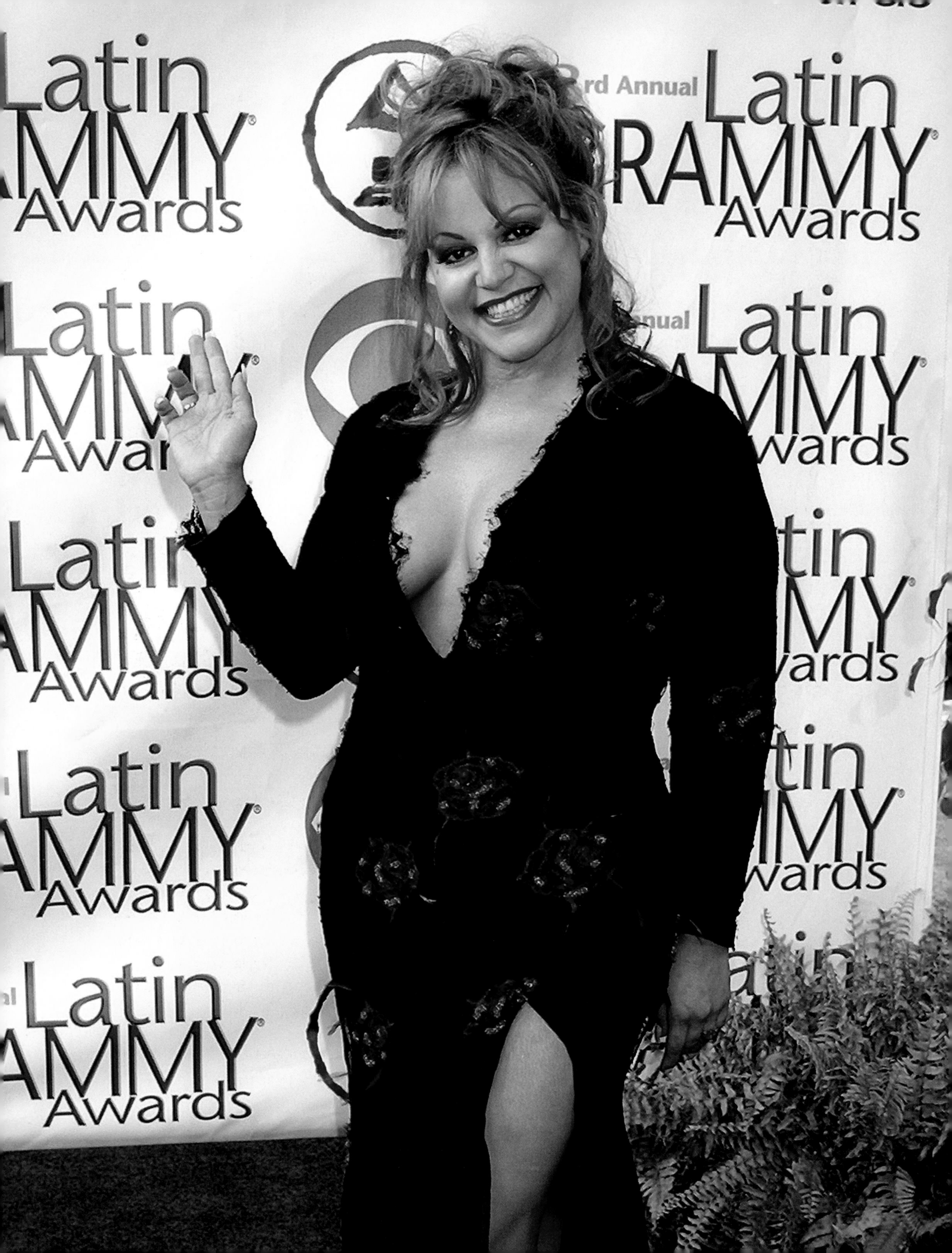
rd Annual
Latin
Awards

su maquillador. Macías se desempeñó como su abogado.

Arturo Rivera, según Billboard, fue un periodista convertido en publicista y era muy conocido en el mundo del espectáculo. Algunos dicen que él estaba en el "cenit " de su carrera y tuvo un segmento recurrente en " El Gordo y La Flaca ", haciendo reportajes sobre los espectáculos de música regional mexicana.

Además de Jenni Rivera, representó a otros artistas de la música regional mexicana, incluyendo a Larry Hernández y la Banda El Recodo .

"Él (Arturo Rivera) fue lejos el publicista más importante de la música grupera, " Teresa Aguilera, corresponsal de Billboard en México, dijo a Billboard en diciembre de 2012. "Él era una persona muy carismática. "

Arturo Rivera fue el fundador de AR Producciones, una empresa de relaciones públicas, junto con su hermana Cynthia Rivera y Mario Larios.

Mientras tanto, el maquillador de Jenni, Jacobo Yebale, oriundo de Guadalajara, México, también había trabajado para Christina Aguilera, Brett Michaels, Rihanna, Don Omar y Pitbull. Yebale fue uno de los maquilladores más reconocidos en todo Estados Unidos, incluso las estrellas posponían sus sesiones de fotos y enviaban aviones privados para recoger a Jacobo con el fin de asegurar su disponibilidad.

Tal vez a pocos minutos ocurrido el accidente, la revista Billboard informó que Yebale publicó en Instagram lo que se cree ser la última foto de Jenni Rivera con vida. Titulando la foto: "Estamos recibiendo de nuevo a la Ciudad de México ... Jenni Rivera, Arturo, Gigi y Me .. Los Amooo! [Te quiero] "

"Gigi" era Jorge Sánchez, estilista oficial de Jenni Rivera.

Macías se desempeñó como abogado de Rivera en México.

En el momento del accidente, según Billboard,

mexicana de "The Voice".

Pero poco después de las 3 am, el Learjet despegó del aeropuerto cerca de Iturbide, pero no tardaría en perder el contacto con la torre de control de tráfico aéreo.

A eso de las 3:25 am, el Learjet estaba viajando a unos 35.000 pies a unos 600 kilómetros por hora cuando el avión se zambulló en un terreno montañoso, matando a todos a bordo.

"No hay nada reconocible, ni material ni

Rivera viajaba de un concierto en la Arena Monterrey para filmar un episodio de "La Voz México" en la Ciudad de México, donde ella fue una de las celebridades que entrenaban a los concursantes.

Jenni estaba prevista para el acto en Toluca al día siguiente en el programa " La Voz ", la versión

humano" en los restos del avión que se encuentra en el estado de Nuevo León, el ministro de Comunicaciones y Transporte Gerardo Ruiz Esparza dijo a los periodistas, de acuerdo con la revista Billboard . "El impacto fue tan fuerte que los restos del avión se encuentran dispersos en una superficie de 250 a 300 metros. Es casi

CAPÍTULO CINCO: EL FATÍDICO VUELO DEL LEARJET 25

aterrizar en Amarillo, Texas el 1 de julio de 2005.

Según el informe de la FAA, el Learjet 25 fue "sustancialmente dañado, cuando el avión golpeo uno de los marcadores de la pista después de una pérdida de control de la dirección durante el aterrizaje."

El informe de la NTSB, de acuerdo con la HuffPost, describe un mal funcionamiento con el sistema de combustible en las alas, "resultando en una perdida de equilibrio en un lado del avión."

irreconocible".

El padre de Jenni Rivera, Pedro Rivera, dijo a la prensa: "Creo que el cuerpo de mi hija es irreconocible ", según la revista Billboard.

Entre las pocas cosas que se encontraron se comprobó una licencia de conducir de California hecha pedazos con el nombre de Rivera y foto que se encontró cerca del lugar del accidente.

Debido a que Jenni Rivera era ciudadana estadounidense, la Junta Nacional de Seguridad del Transporte (NTSB) de los EE.UU. realizó una investigación sobre el accidente.

El Huffington Post dijo que la NTSB informó que el Learjet 25 había sufrido un accidente anteriormente en el 2005. El problema se sucito en un marcador de la pista cuando trataba de

En el informe de 2005, de acuerdo con el Huffington Post, el capitán señaló que "la alineación a la pista no coincidía debido a la ala derecha" y el informe continúa diciendo, "Posteriormente, el avión se salió al lado izquierdo de la pista golpeando un marcador de la pista", lo que resulto en un daño sustancial. Nadie resultó herido en el accidente.

Las secuelas del accidente han causado controversia, al igual que gran parte de la vida de Jenni que parecía haber atraído cuando estaba viva.

Poco después del accidente y mientras la investigación continúa, los familiares de publicista Arturo Rivera, Jacobo Yebale, el abogado Mario Macías y Jorge "Gigi" Sanchez presentaron una demanda en contra de Starwood Management LLC ., Rodatz Financial Group, Inc., los propietarios de la avión, y el anterior propietario del avión, McOco , Inc., así como Jenni Rivera Enterprises.

La demanda fue presentada en la Corte Superior de Los Angeles el 10 de enero de 2013, ni siquiera un mes después del accidente.

"Debido a que todos ellos podrían posiblemente ser responsables y sabemos que no era Arturo y Jacob, o el consejero Macías; ellos no fueron los encargados de elegir el avión , " Vance Ownen , abogado de los demandantes , dijo al Huffington Post Voces . " Ahora estamos mirando en la posibilidad de que alguien con la compañía de Jenni Rivera tuvo algo que ver con la elección de alquilar ese avión que era un pedazo de basura".

Otro abogado del caso, Paul Kiesel, dijo al LA Times, " Echamos una amplia red para saber exactamente quién es el responsable, y puede ser que no lo sean. Hemos llamado a Rivera Enterprises, que probablemente arregló la carta de este avión - en retrospectiva, una muy mala decisión".

El abogado de las familias no puso una cantidad de dinero de lo mucho que estaban buscando en la demanda, aunque los acusados podrían estar demandados por millones.

"Es demasiado pronto para decir que esto no se trata sólo de dinero, sino de buscar respuestas y saber lo que pasó", dijo Owen a Voces.

La demanda pide "una compensación por daños y perjuicios" de todos los involucrados en la contratación y el arrendamiento del avión multi motor de 43 años de edad, con problemas en el ala fija, con una " larga historia de problemas de mantenimiento y daños estructurales en la armadura, " dice la demanda .

De hecho, el avión fue fabricado y certificado para volar el 9 de diciembre de 1969, 43 años al día del accidente que cobró la vida de Jenni Rivera de 43 años de edad el 9 de diciembre del 2012 " Learjet era un avión tan viejo que se hace referencia en la comunidad de la aviación como un "cubo de tornillos ", dice la demanda.

"Yo no voy a sacar provecho de esta situación, yo no voy a hacer daño a la [Jenni Rivera] familia, y sus hijos, esto es sólo una parte de la investigación. No estoy buscando el dañarlos porque están pasando por el mismo duelo que estoy pasando", dijo Cynthia Rivera, hermana del publicista Arturo Rivera, al show de Univisión " El Gordo y La Flaca. " El padre de Cynthia Rivera, Agustín Rivera Jaime, es el demandante funcionario en la demanda por su hijo Arturo Rivera.

La demanda afirma McOCO puso el Learjet a la venta y la vendió a Starwood y Rodatz el 1 de junio de 2012.

Según la demanda, el piloto Miguel Pérez Soto y el copiloto Alejandro Jose Torres del avión condenado fueron " seleccionados, contratados, entrenados , supervisados y empleados de Starwood y Rodatz .

En la demanda se afirma que Soto, quien tenía 78 años de edad en el momento del accidente, tenía licencia para volar bajo una licencia de piloto limitado y temporal de operación en octubre de 2010.

La licencia prohíbe la operación de un Learjet de vuelos de transporte de los pasajeros de alquiler (y en los vuelos procedentes bajo las reglas de vuelo instrumental).

Mientras tanto, el copiloto, Alejandro José Torres, tenía sólo 20 años de edad y sólo tenía licencia para volar bajo una licencia de piloto emitida en abril de 2010.

Al igual que Soto, Torres fue prohibido volar pasajeros de alquiler, según la demanda.

Según Los Angeles Times, los ejecutivos con Starwood dijeron al diario después del accidente

Atléticos de Oakland y los Dodgers de Los Angeles .

Aunque Rivera solicitó el divorcio de él dos meses antes del accidente de avión, la AP informó que siguió recibiendo beneficios económicos de ella.

La AP informó que Loaiza alegó sobre el accidente que el piloto de 78 años de edad, y el copiloto no tenían licencia para transportar pasajeros de pago.

En 2013, informó la AP que la agencia de aviación civil de México, dijo que el gobierno mexicano violó las leyes mediante la concesión de licencias a los pilotos porque se excedió el límite de edad.

que el jet fue "perfectamente mantenido."

Se espera que la demanda sea juzgada en California, un juez del condado Los Ángeles dictaminó, aunque los operadores de aviones intentaron mover el caso a México.

Pero esa no es la única demanda presentada tras el accidente de avión.

En febrero de 2014, la Associated Press (AP) informó que Esteban Loaiza, ex marido de Jenni River, presentó una demanda por homicidio culposo contra el propietario del avión Starwood Management LLC y su empresa matriz Rodatz Financial Group.

Loaiza fue un lanzador de varios equipos en su carrera, incluyendo las Medias Blancas de Chicago,

El informe, de acuerdo con la AP, también declaraba que el Learjet fue de 43 años de edad y tenía defectos tales como "volar de manera desigual y temblar cuando alcanzó su velocidad de crucero."

Algunos expertos dicen que podría tomar años antes de que se resuelvan las demandas.

CAPÍTULO SEIS:
JENNI VIVE PARA SIEMPRE

CAPÍTULO SEIS: JENNI VIVE PARA SIEMPRE

La última vez que el público llegó a presenciar el talento inigualable de Jenni Rivera "La Diva de la Banda" fue en el escenario en Monterrey, México, el 8 de diciembre de 2012.

Tal como corresponde, asi es la manera en que el público deberia recordar a Rivera de 43 años de edad, en toda su gloria, cantando a todo pulmón sus ahora famosos éxitos y clásicos canciones de Banda, Ranchera y Norteña que llevaron a la venta 20 millones de discos durante su aún naciente carrera.

De hecho, en ese concierto, se le presentó a Rivera con discos de oro y platino por su más reciente álbum, "Joyas prestadas", según Fusion. net.

Sólo unas pocas horas después de dar a lo que sería su última actuación, no sólo de su carrera, pero de su vida, el Learjet 25 que llevó a Jenni Rivera y otros seis cayeron 28.000 pies sobre Iturbide, Nuevo León, México, matando a todos a bordo el 9 de diciembre a sólo 10 minutos después de despegar.

Rivera estaba viajando a la Ciudad de México para ser juez en la versión mexicana de "The Voice". El accidente apagó una vida que nadie pudo predecir, y que nadie estaba preparado.

¿Cómo pudo el magnate de los medios de comunicación de una dinastía familiar cantar y de repente ya no estar con nosotros? Esa es una pregunta que a sus fans y admiradores de todo el mundo han estado pidiendo. También están pidiendo de lo que podría haber sido?

Si hubiera vivido hoy - ni siquiera dos años después de su muerte - que estaria haciendo Jenni?

"Para Jenni, todo era acerca de la promesa de que aún estaba por llegar", Flavio Morales, vicepresidente de programación y producción

de mun2, una división de NBCUniversal, que se emitió el siempre popular "I Love Jenni", dijo Los Angeles Times en diciembre de 2012, poco después de la muerte de Rivera.

Lo más probable es que ella estaría incursionando fuertemente en el mercado americano en idioma Inglés, no sólo en la música, sino también en la televisión y el cine con su actuación en la película independiente "Filly

Brown" una pequeña ventana a lo que estaba por venir.

A pesar de que tenía un pequeño papel en la película, Rivera trabajó durante meses en sus escenas como la madre encarcelada de un aspirante rapero.

"Muchas de las mujeres pueden relacionar el hecho de que ella no fue ingenua. Ella fue una mujer que pasó por un montón de cosas terribles," Youssef Delara, el director de" Filly Brown ", dijo a Los Angeles Times en diciembre de 2012.

"Filly Brown" se estrenó en el Festival de Cine de Sundance de 2012 y se fijó su estreno para el otoño del 2012.

Rendimiento de Rivera se ganó el respeto de veterano actor y coprotagonista Edward James Olmos.

"Jenni era una fuerza increíble. Desde el principio, he dicho que podía ganar un premio de la Academia por su actuación en Filly Brown ", dijo Olmos Billboard Magazine."Ella tuvo una vida difícil, pero también tenía un don extraordinario. Impacto a millones de personas y se le extrañara".

Según el diario Los Angeles Times en abril

CAPÍTULO SEIS: JENNI VIVE PARA SIEMPRE

de 2013, Rivera se encontraba en el proceso de desarrollar una nueva comedia para la cadena de televisión ABC. Rivera estaba destinada a desempeñar una madre soltera luchadora. Trabajando en un piloto con Rivera incluyó Robert L. Boyett de "Full House" y Robert Cuerno de "Designing Women", reporto Los Angeles Times, con una producción programada para febrero del 2013.

El LA Times informó en diciembre de 2012 que Jenni tenía la vista puesta en la creación de una línea de ropa interior y ropa para El LA Times informó en diciembre de 2012 que Jenni tenía la vista puesta en la creación de una línea de ropa interior y ropa para mujeres lleno-calculadas.

Y luego, por supuesto, está la música, tal vez cruzar al mercado de inglés.

"Lo que la hacía tan atractiva es que ella nació en Long Beach (California,), hablaba perfectamente el Inglés, pero se enfoco en la música latina", Gustavo López, vicepresidente ejecutivo de Universal Music Latin Entertainment, dijo el Los Angeles Times en diciembre de 2012. Universal Music Latin fue el sello de música de Rivera y su artista más vendido de la música regional mexicana.

"Siempre fue su sueño de hacer un álbum en Inglés, pero ella siempre pensó que llegaría su tiempo", López dijo al LA Times. "Ella siempre quería hacer un álbum de canciones de oldies. Ella era una gran fan de Mary Wells, y ella decía que quería volver a hacer esas canciones y mostrar a la gente que cantaba más que banda o la música mariachi. Ella dijo que cuando llegaba el momento de hacerlo".

Aunque los nuevos proyectos especiales se

encontraban en las obras, las contribuciones de Jenni en vida, no sólo en términos de la música y los de negocios, pero los problemas sociales, tanto cerca de su casa y de lejos, son duraderos y no serán olvidados también.

"Ella ha sido una persona muy memorable en Long Beach," Rivera fan Stacy Monzón, dijo a Random Lengths Noticias en diciembre de 2012."Ella comenzó de la nada y trabajó a su manera para poder surgir. Ella sufrió mucho en su vida. Sólo ver que ella supero una gran cantidad de cosas y como lo supero de manera positiva, ha sido muy inspirador".

Pero a medida que sus fans se preguntaban qué habría sido en el futuro para Jenni, ella seguiría siendo honrada por su trabajo.

En octubre de 2013, Rivera fue galardonado a título póstumo siete veces en los 2013 Billboard Music Awards de México en Los Ángeles

En esa noche en el Teatro Dolby, Jenni ganó más premios que cualquier otro artista, incluyendo Artista Femenina del Año por su disco "La Misma Gran Señora", que fue lanzado una semana después de su muerte.

Para diciembre de 2013, al cumplirse el primer aniversario de la muerte de Jenni Rivera, estaba claro que sus fans, el público, la prensa y la industria de la música no estaban listo para decirle adiós a la Diva.

De hecho, es a través de sus fans y sus amigos

CAPÍTULO SEIS: JENNI VIVE PARA SIEMPRE

famosos que mantienen viva su memoria.

Muchos hablaron con People Magazine para la revista especial del primer aniversario.

"La primera vez que estaba en mi programa [de Univision El Show de Cristina], ella vino a mi habitación después de la función para compartir un trago de tequila conmigo y después de tomar unos mas, ella me agarró la mano y mirando a mi anillo me preguntó: "¿Diez quilates? 'Le dije que sí. Luego dijo: "algún día voy a tener uno", y unos años después fui yo quien le sostuvo su mano y admirando su piedra", dijo la presentadora española Cristina Saralegui, a menudo referida como la" Oprah latina".

Otras estrellas ofrecieron comentarios a People en diciembre de 2013:

"Lo gracioso es que, lo recuerdo todo sobre Jenni. Me he pasado el último año haciendo todo en mi poder para no olvidar una cosa. Era una fuerza. De su voz gentil cuando uno la conoce por primera vez, a su amigable, ternura, amorosa, cuidado cuando te acepta. Jenni era todo lo que sus fans creían que era - ella era todo lo que querían que fuera: abierta, honesta, amorosa, real, humilde, talentosa, una mujer a-- y, lo más importante, una voz para los que no tienen una voz. Oro para que pueda ser algún día un fragmento de lo que era y lo que aún permanece. Su corazón nunca se fue y es con el máximo honor que tengo la oportunidad de compartir estas palabras de un corazon que realmente admiraba y adoraba, " - Gina

Rodríguez, Filly Brown, coprotagonista, dijo a la revista People.

"Me encontré con Jenni en los Premios Alma y fue la primera vez que la había visto desde que empecé a trabajar en la industria. Ella se acercó a mí y me dijo que tenía que tomar una foto conmigo porque sus hijos no creen que ella me conocía. ¡Ja ja! Sus hijos eran fans y Johnny (el menor en particular) ... ella dijo que el estaba un poco enamorado de mí. Yo estaba como, "Yo no sabía que viste mis trabajos", y ella digo: 'Mija, estoy tan orgullosa de ti. Lo estás haciendo muy bien y de aquí te vas a subir al éxito. 'Ella era un apoyo increíble para mí y una amiga para mi familia. Ella y mi mamá tenía una relación especial". Francia Raisa, actriz, le dijo a la revista People.

"Pienso en Jenni a menudo y revivo muchos de los momentos que pasamos juntos - especialmente en el aniversario de su muerte esta semana. Ella era una parte de mi vida cuando nació mi hijo y estaba muy emocionado de compartir la alegría de la maternidad conmigo porque, como ella siempre decía, sus dones más grandes eran sus hijos - nada era más importante. El momento específico que me sigue volviendo es después de la boda de su hija de Jacqui en septiembre de 2012. Jenni me llevó a un lado mientras caminaba y me dio un abrazo y dijo: "Gracias por todo. Estoy muy contenta que pudimos compartir este momento tan especial con mi familia. Significó mucho que estuvieras aquí. Te quiero, mujer. "Le dije: "Yo también te quiero, mujer." Y fueron palabras muy verdaderas".

CAPÍTULO SEIS: JENNI VIVE PARA SIEMPRE

- Shari Scorca, director y productor ejecutivo, I Love Jenni

"Jenni era una fiera, determinante luchadora que nunca perdió su sentido del humor, no importa lo que sumió al mundo en ella. Uno de mis recuerdos favoritos de Jenni fue pasar un rato con ella durante más de una hora en la media noche en una gasolinera mini-mercado cerca de Kona. Por primera vez en mucho tiempo que podía ser anónimo - ella dijo que le recordaba su adolescencia Ella sólo quería pasar el rato, beber cerveza, comprar bocadillos y contar chistes. Esa fue nuestra Jenni".

- Edward J. Paige, productor ejecutivo, I Love Jenni

***

En diciembre de 2013, Fonovisa lanzó el primero de los tres álbumes más esperados: 1969 - "Siempre, En Vivo Desde Monterrey, Parte 1", una colección de canciones de su último concierto de Jenni Rivera en la Arena Monterrey en Monterrey, México.

El álbum incluye la canción "Dos botellas de mezcal". La canción comienza con Rivera cantando la letra: "Cuando me muera, cómo te lo agradecería que pusieras en mi tumba dos botellas de mezcal".

"Para nuestra familia, es un placer compartir este tesoro con los fans de nuestra madre, hija y hermana," Rosie Rivera, hermana de Jenni, dijo a la revista Billboard."Este esfuerzo nos ha traído lágrimas y estamos muy orgullosos y felices de continuar con la empresa que trabajó con Jenni en otros proyectos grandes. En honor y la tradición a lo que es Jenni Rivera, seguimos siendo fieles a los que han sido fieles a ella. "

El 9 de diciembre de 2013, la familia de Jenni también organizó un concierto en vivo en México, que rindió homenaje a la fallecida cantante y contó con una serie de celebridades, incluyendo a Tito el Bambino y Marisela.

"Jenni Rivera estará siempre presente en nuestras vidas a través de su música", Víctor González, presidente de Universal Music Latin Entertainment, la compañía matriz de Fonovisa, dijo a la revista Billboard."Ahora es nuestro trabajo para compartir con el público muchas canciones que Jenni dejó. Gracias a este nuevo acuerdo, nos hemos comprometido con Rosie Rivera (hermana de Jenni Rivera) y el resto de la familia de Jenni que su música seguirá viva".

CAPÍTULO SEIS: JENNI VIVE PARA SIEMPRE

En verano de 2014, UMLE lanzará "1969 - Siempre, En Vivo Desde Monterrey, Parte 2"

Con la parte 3 que viene en diciembre de 2014.

Pero quizás el proyecto más fuertemente anticipado aún no publicada será la película de Jenni Rivera.

A finales de 2013, E! News informó que la hija mayor de Jenni, Janney "Chiquis" Marín interpretará el papel de su madre.

El papel se centrará en la cima de la carrera de su madre, de acuerdo con Univision.

Para prepararse, Janney, de 28 años de edad, ha estado tomando clases de actuación y de baile para prepararse para el papel.

Pero en las semanas previas al anuncio de la película, Chiquis tuvo que desmentir los rumores de que ella tuvo un romance con su padrastro y el tercer marido de Jenni, Esteban Loaiza.

"Fue un malentendido", dijo, de acuerdo con E! News del supuesto desacuerdo con su madre, que se produjo el 2 de octubre 2012."Ese dia mi mundo se acabó."

Pete Salgado, gerente de Rivera y el productor ejecutivo de "I Love Jenni", dice que de ninguna manera la memoria de Jenni será olvidada.

"Su legado y historia perdurara. Habrá muchísima gente que escuchara el nombre por el trágico accidente, pero una vez que investiguen a la mujer esperamos que su Historia siga inspirando ", Salgado dijo a la revista Hollywood Reporter en abril de 2013.

Al final, parece que la obra de Jenni Rivera como una mujer humanitaria, cantante, compositora y empresaria, siempre será extrañada y nunca olvidada.

"Yo soy una mujer como cualquier otra y cosas muy feas me pasaron como cualquier otra mujer", dijo Rivera a periodistas en su rueda de prensa final de su concierto 8 de diciembre en Monterrey, como NBC Latino informó sobre el primer aniversario del fallecimiento. "El número de veces que me he caído es el número de veces que me he levantado."